Reclam Literaturunterricht

Sachanalysen. Stundenverläufe. Arbeitsblätter

Lutz Hübner
Sarah Nemitz
Abend über Potsdam

Von Holger Bäuerle

Reclam

Abkürzungen und Symbole

EA Einzelarbeit
PA Partnerarbeit
GA Gruppenarbeit
UG Unterrichtsgespräch
LV Lehrervortrag

* Kennzeichnung eines zusätzlichen Arbeitsauftrags bzw. Unterrichtsschritts auf erhöhtem Niveau (für Binnendifferenzierung)
HA Hausaufgabe

Verweis auf die zugehörige Ausgabe:
Lutz Hübner / Sarah Nemitz: Abend über Potsdam. Nachw. und Anm. von Sascha Feuchert. 2., durchges. Aufl. Ditzingen: Reclam, 2024. (Universal-Bibliothek. 14175.)
Stellenangaben mit Seiten- und Zeilenzähler beziehen sich auf diese Ausgabe.

Code für editierbare Arbeitsblätter und Vorlagen

Alle für den Unterricht benötigten *Arbeitsblätter* und *Vorlagen* (Bilder und Texte) sind digital auf der Webseite **www.reclam.de/lehrer_abend** zum Download verfügbar. Bitte geben Sie folgenden Code ein:

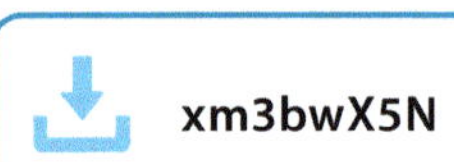

Sollte diese Publikation Links auf Webseiten Dritter enthalten, so übernehmen wir für deren Inhalte keine Haftung, da wir uns diese nicht zu eigen machen, sondern lediglich auf deren Stand zum Zeitpunkt der Erstveröffentlichung verweisen.

Reihenkonzept: Max Kämper

Reclam Literaturunterricht | Nr. 15830
2024 Philipp Reclam jun. Verlag GmbH,
Siemensstraße 32, 71254 Ditzingen
Druck und Bindung: Esser printSolutions GmbH,
Untere Sonnenstraße 5, 84030 Ergolding
Printed in Germany 2024
RECLAM ist eine eingetragene Marke
der Philipp Reclam jun. GmbH & Co. KG, Stuttgart
ISBN 978-3-15-015830-2
www.reclam.de

Inhalt

Vorbemerkung

Theater ist Krisenbeobachtung. Gelegen an der Schnittstelle von Kunst, Politik, gesellschaftlicher Realität und gesellschaftlichem Diskurs, ist Theater eine zutiefst demokratische Einrichtung, ist im besten Falle und im besten Sinne »moralische Anstalt«. Theater diene dazu, »Widerstand zu leisten gegen die Mächtigen, [...] gegen die Korruption, gegen das Verbrechen, gegen den Faschismus, gegen den Antisemitismus«, hat Claus Peymann diesen mahnenden Impetus des Theaters der Gegenwart ebenso provokant wie bündig benannt. Das Autorenduo Lutz Hübner und Sarah Nemitz steht mit dem Drama *Abend über Potsdam* in dieser Tradition. Vordergründig berichten die elf Szenen von der Entstehung des gleichnamigen Hauptwerkes der Künstlerin Lotte Laserstein (1898–1993) im Jahre 1930. Subkutan jedoch seziert das Drama die Deformierung einer ganzen Gesellschaft durch den wetterleuchtend heraufziehenden Faschismus. Nicht, dass die gerne als Agonie bezeichnete letzte Phase der Weimarer Republik mit unserem Heute gleichgeführt wird: »Ich möchte *Abend über Potsdam* nicht als Analogie verstanden wissen, sondern [...] als Analyse« formuliert Sarah Nemitz. Wohl aber werden die – einander ähnelnden – damaligen und heutigen Kommunikationsmechanismen populistischer Ideologen freigelegt: Rückzug in die eigenen Echokammern aus Fremdenfeindlichkeit und Demokratiefeindlichkeit, Vereinfachung, Verharmlosung, Verleumdung und insbesondere die Verweigerung eines demokratischen Diskurses.

Hingewiesen sei auf die besondere Eignung für den fächerverbindenden Unterricht, insbesondere mit Geschichte und Kunst.

Benutzungshinweise

Der Band enthält 9 aufeinander aufbauende Unterrichtsstunden und eine Klausuraufgabe mit Lösungsvorschlägen.

Jeder Entwurf einer Unterrichtsstunde besteht aus zwei Teilen:
- **Sachanalyse** mit einem praxisorientierten, auf den Unterrichtsverlauf bezogenen Interpretationsangebot
- **Unterrichtsverlauf** mit (a) kurzem Überblick über Thema und Ziel, (b) den Unterrichtsschritten in tabellarischer Übersicht und (c) ausführlichen Erläuterungen zu den einzelnen Unterrichtsschritten

Jede Unterrichtsstunde bietet alle für den Unterricht benötigten Materialien:
- kopierfähige **Arbeitsblätter** (ggf. mit Lösungshinweisen im Anhang)
- **Vorlagen** (Bilder oder Texte)
- **Tafelbilder** (Vorschläge für die mediale Präsentation)

Die Unterrichtsstunden enthalten an allen geeigneten Stellen Hinweise für
- einen möglichen **verkürzten Verlauf** (als fakultativ gekennzeichnete Unterrichtsschritte)
- eine mögliche **Binnendifferenzierung** (die entsprechenden Arbeitsaufträge auf erhöhtem Niveau sind mit einem Asterisk * gekennzeichnet)

Textgrundlage ist die Ausgabe:
Lutz Hübner / Sarah Nemitz: Abend über Potsdam. Nachwort und Anmerkungen von Sascha Feuchert. 2., durchges. Aufl. Ditzingen: Reclam, 2024. (Universal-Bibliothek. 14175.)

Hinweis: Die Reihe *Reclam Literaturunterricht* achtet auf gendergerechte Sprache. Aus Gründen der Lesbarkeit wird in seltenen Fällen davon abgewichen, immer sind aber alle Geschlechter gemeint.

1 »Das ist ein Bild der Zeit. … Das sind wir.« Mit Lotte Lasersteins »Abend über Potsdam« einen Einstieg finden

Sachanalyse

Das Drama *Abend über Potsdam* von Lutz Hübner und Sarah Nemitz ist inspiriert durch das gleichnamige Gemälde Lotte Lasersteins (1898–1993) aus dem Jahr 1930. In insgesamt elf Szenen imaginiert das Stück die durch Traute Rose, Freundin und Modell der Malerin, überlieferte Entstehungsgeschichte des Gemäldes: »Die Freunde kamen [auf der Dachterrasse von Potsdamer Bekannten] zusammen für die ersten Skizzen. Sie nahmen ihre Plätze ein, und es wurde bestimmt, wo und wie sie stehen sollten. Die Figuren wurden nur skizziert, weil erst der Hintergrund gemalt werden sollte. Nachdem das geschehen war, transportierte die Malerin die Holztafel zurück in ihr neues Atelier mit hohem Atelierfenster, wo sie die gleichen Lichtverhältnisse hatte. Nun begann die lange Arbeit mit den verschiedenen Modellen. Meine Position außen links vor dem Geländer stand fest, ebenso die meines Mannes, der unseren Hund zu seinen Füßen hatte. Die Mittelfigur war zuerst ein Mädchen im roten Pullover […], die allerdings nicht so lange durchhielt und schließlich durch das Mädchen im gelben Hemdchen ersetzt wurde.«[1] Die Erinnerung Traute Roses verhilft den elf Szenen zu ihrem äußeren Handlungsgerüst: Die beiden Mittelszenen, die Eröffnungs- und die Schlussszene ausgenommen, zeigen die Szenen jeweils eine oder mehrere Arbeitssitzungen mit den insgesamt fünf Modellen.

Lotte Lasersteins »Abend über Potsdam«[2] gilt heute als Hauptwerk einer Künstlerin, die in den späten 1920er Jahren als »leuchtendes Talent«[3] gerühmt wurde, als eine »der allerbesten der jungen Maler-Generation«[4], wie es im *Berliner Tageblatt* hieß – um einhundert Jahre später, in den 20er Jahren dieses Jahrhunderts, ungeachtet der einstigen (und längst erneuerten) Wertschätzung noch immer zu den »bekannt[ ]en Unbekannten«[5] der Weimarer Moderne zu zählen. Diesem Umstand entgegenzuwirken, hängt das großformatige Gemälde in der Neuen Nationalgalerie Berlin heute an ebenso prominenter wie exponierter Stelle noch vor dem Eingang in die ständige Sammlung des Museums[6], die unter der Überschrift »Die Kunst der Gesellschaft« Werke der Umbruchszeit von 1900 bis 1945 präsentiert.

Das Drama *Abend über Potsdam* des Autorenduos Hübner/Nemitz ist entstanden als Auftragsarbeit für das Potsdamer Hans Otto Theater, wo es im April 2017 uraufgeführt wurde. Im Programmheft zur Uraufführung erläutert Lutz Hübner das Interesse am gewählten Stoff: »Interessant daran war die Konstruktion – die Figuren eines Bildes zum Ausgangspunkt für Biografien zu nehmen –, zum anderen aber auch die Zeit. Das Bild entstand 1929/1930 [so im Drama, historisch: 1930], als die Goldenen Zwanziger auf ihrem Höhepunkt anlangten und zu Ende gingen. […] Über den Entstehungsprozess das Bildes kann man eine Gesellschaft erzählen, in der erste Haarrisse zu erkennen sind. Es ist noch nicht die Diktatur, sondern ihr Wetterleuchten.«[7]

In einem Autorengespräch aus dem Jahr 2023 ergänzen Lutz Hübner und Sarah Nemitz: »Wenn man dieses Bild sieht, kann man erkennen: Da ist eben ein Gespräch zu Ende gegangen, die Menschen sind für einen Moment verstummt und in Gedanken bei sich – manchmal hat man ja genau diese Situation, Leute reden und plötzlich ist die Stimmung am Tisch merkwürdig, ohne dass man zu sagen wüsste, wieso. Diesen Moment malt Lotte Laserstein. Und genau dieser Moment beschäftigte unsere Phantasie. Was wurde davor gesprochen? Was wurde danach gesprochen? Daraus wollten wir etwas machen. Daraus wollten wir – vor dem historischen Kontext – etwas entwickeln.«[8] Ähnliche Überlegungen bilden auch den

1 Unveröffentlichter Bericht von Traute Rose, zit. nach: Anna-Carola Krausse, *Lotte Laserstein (1898–1993). Leben und Werk*, Berlin 2006, S. 155 f.

2 Zur leichteren Unterscheidung wird der Titel des Dramas kursiv, der des Gemäldes in Anführungszeichen wiedergegeben.

3 Unterhaltungsblatt der *Düsseldorfer Nachrichten*, 14. Januar 1930. Hier zit. nach: Anna-Carola Krausse, *Lotte Laserstein. Meine einzige Wirklichkeit*, 2., aktual. Neuaufl., Berlin 2022, S. 9.

4 Hier zit. nach: Rainer Metzger (Hrsg.), *Berlin in den 1920er-Jahren*, Köln 2017, S. 88.

5 Krausse (s. Anm. 3), S. 10. Der Katalog Krausses ist neben deren Werkbiografie (s. Anm. 1) die einzig umfassende und umfangreichere Darstellung zu Lotte Laserstein. Auch für die Autoren Hübner und Nemitz bildete der Katalog die wesentliche Quelle für die Ausgestaltung der Protagonistin des Dramas (vgl. Sascha Feuchert, »Nachwort«, in: Lutz Hübner / Sarah Nemitz, *Abend über Potsdam*, 2., durchges. Aufl. Ditzingen 2024, S. 87–99, hier S. 88, Anm. 3).

6 Zusammen mit dem abstrakten Gemälde »Bogenschützen« von Sascha Wiederhold aus dem Jahre 1928.

7 Ute Scharfenberg, »Ein Bild vom Abschied« [Auszug aus einem Gespräch der Autoren Lutz Hübner und Sarah Nemitz mit dem Ensemble und Regieteam der Inszenierung], 7. Februar 2017, in: *Programmheft des Hans Otto Theaters zur Premiere von »Abend über Potsdam«*, S. 6–10, hier zit. nach: Feuchert (s. Anm. 5), S. 89.

8 Autorengespräch Lutz Hübner / Sarah Nemitz zu *Abend über Potsdam*. Wahlfach Literatur und Theater, Kolping Bildungszentrum Heilbronn, Sozialwissenschaftliches Gymnasium. Ludwigsburg, 15. Juni 2023.

Ausgangspunkt für Anna-Carola Krausses Beschreibung im Katalog zum Werk Lotte Lasersteins: »Die Roaring Twenties sind verstummt und einer ahnungsvoll-ernsthaften Ruhe, einem unbestimmten, ungewissen Warten gewichen, das von einer verhaltenen Melancholie durchzogen ist. Worauf richtet sich der Blick der Menschen in innere Fernen? Was teilt sich in ihrem Schweigen mit? Ist alles gesagt oder fehlen die Worte?«[9]

Als Einstieg in die Unterrichtseinheit dient der Lerngruppe eine (für die Lektüre des Dramas unerlässliche) Bildbetrachtung von Lotte Lasersteins Gemälde »Abend über Potsdam«. Um die Schülerinnen und Schüler für den zeitgeschichtlichen Kontext zu sensibilisieren (der für das Verständnis des Bildes von besonderer Bedeutung ist), sollten zuvor die späten 1920er Jahre der Weimarer Republik in ihren wesentlichen historischen Daten in Erinnerung gerufen werden.

Die Relevanz, die Lotte Lasersteins »Abend über Potsdam« erfährt (die prominente Hängung in der Neuen Nationalgalerie Berlin mag als Beleg hierfür dienen), erklärt sich nicht allein durch die große künstlerische Qualität der Arbeit oder deren epochale Relevanz an der Schnittstelle zwischen einem Lotte Laserstein eigenen Realismus und den avantgardistischen Strömungen der späten 1920er Jahre, insbesondere der Neuen Sachlichkeit – heute wird das Hauptwerk der Künstlerin vor allem als »Symbol einer Zeitenwende«[10] gesehen, das auf visionäre Weise die Krise der Weimarer Republik ins Bild fasst und zugleich deren Ende vorwegnimmt. Wohl zu Recht wird die Arbeit verstanden als »eine raffinierte Verbildlichung der Gestimmtheit jener Generation, die man später als die ›verlorene‹ bezeichnen wird. Gemeinsam und doch allein, buchstäblich am Abgrund sitzend und von der umgebenden Welt durch eine tiefe Kluft getrennt, harren die jungen Menschen der Dinge, die da kommen. Aus heutiger Sicht erhält die […] dargestellte Zusammenkunft in der Abenddämmerung, am Übergang von Tag zu Nacht, symbolhaft-visionären Charakter.«[11] Das Ende des Dramas greift diesen Gedanken auf: »Das ist ein Bild der Zeit. Das taugt mehr als tausend Artikel und Analysen. Das sind wir. Was wir waren. Was wir sind. Nicht wissend, was wir sein werden« (77,17 ff.), kommentiert Ernst Rose in der Schlussszene die fertiggestellte Arbeit Lotte Lasersteins an eben jenem 14. September 1930, an dem die NSDAP bei der fünften Wahl zum deutschen Reichstag zur zweitstärksten Partei gewählt wird.

Vor einer topografisch genauen Ansicht der Stadtsilhouette von Potsdam verharrt die Gesellschaft aus fünf Personen in merkwürdig ahnungsvoller Melancholie. Der Wein ist getrunken, das bescheidene Mahl gegessen. Die Dämmerung kommt heran, der Abend ist bereits zu ahnen. Vereinsamt sitzt man gemeinsam beisammen, und doch getrennt voneinander, getrennt von der Welt. Hinter dem Geländer gähnt der Abgrund. Die Blicke gehen ins Leere, das Gesprochene ist verhallt. Ein Hund döst zu Füßen seines Herrchens. Tatsächlich befremdlich und »[i]rritierend ist, dass die Dargestellten keinen Kontakt miteinander aufnehmen. Es findet kein Gespräch statt, keine Interaktion. Jeder scheint […] versunken seinen Gedanken nachzuhängen. Man könnte die Szene daher eher als ein ›Getrenntes Beieinander‹ beschreiben.«[12] Die Schülerinnen und Schüler sollten insbesondere die positiv formuliert: nonverbale Einträchtigkeit, negativ formuliert: kommunikationslose Isolation bemerken, die dem Bild zu seiner beunruhigenden Präsenz verhilft. »Die Stimmung auf dem Bild hat einen seltsamen Sog«[13], beschreibt Sarah Nemitz diesen Eindruck, der den Rezipienten eine Reaktion abverlangt: Die physische Bewegungslosigkeit der Porträtierten versetzt die Betrachtenden psychisch in Bewegung – und öffnet den Spielraum für die oben beschriebene Deutung, die Lasersteins »Abend über Potsdam« zu seiner heute unumstrittenen zeitgeschichtlichen und kulturhistorischen Relevanz verhilft: »Lasersteins Werk präsentiert sich […] auch als ein Fenster in die Geschichte. Es entstand ein Jahr nach der Weltwirtschaftskrise, die viele Menschen in ihrer Existenz bedrohte. Inflation, Massenarbeitslosigkeit, der aufkommende Nationalsozialismus. Der Himmel über der Weimarer Republik zog sich zu. Die Menschen waren zunehmend desillusioniert. Aus unserer heutigen Perspektive scheint ›Abend über Potsdam‹ geradezu als Symbol einer Zeitenwende.«[14]

9 Krausse (s. Anm. 3), S. 113.
10 Alexander Eiling, »Zeitenwende«, in: *staedelmuseum.de* (19.12.2018), https://stories.staedelmuseum.de/de/lotte-laserstein-abend-ueber-potsdam (Stand: 4.3.2024).
11 Krausse (s. Anm. 3), S. 113.
12 Eiling (s. Anm. 10).
13 Dorte Lena Eilers / Lutz Hübner / Sarah Nemitz, »Das Warum-Erbe«, in: *Theater der Zeit* 4 (2017), www.theaterderzeit.de/2017/04/extra/35104 (Stand: 4.3.2024). Hier zit. nach: Feuchert (s. Anm. 5), S. 89.
14 Eiling (s. Anm. 10).

Unterrichtsverlauf

Überblick. Am Anfang steht eine intensive Auseinandersetzung mit Lotte Lasersteins 1930 entstandenem Gemälde »Abend über Potsdam« – dessen Entstehungsgeschichte die äußere Handlung des gleichnamigen Dramas von Lutz Hübner und Sarah Nemitz bildet. Die Schülerinnen und Schüler nähern sich dem Text über eine Bildbetrachtung, die sowohl kunsthistorische Anspielungen berücksichtigt als auch den historischen Kontext, vor dem das Gemälde Lasersteins entstanden ist.

Phase	Thema	Sozialform	Kompetenzen/Lernziele	Materialien
Voraussetzungen: keine				
1.1	Einstieg: Zeitstrahl zur Weimarer Republik	LV / UG	• Das Wissen um den historischen Kontext des Gemäldes bzw. des Dramas aktualisieren	VORLAGE 1 ➤ S. 7
1.2	Erarbeitung/Sicherung: Bildbetrachtung Lotte Laserstein, »Abend über Potsdam« (1930)	PA / UG	• Über die Bildbetrachtung einen Zugang zum Drama gewinnen • Die Ausgangssituation erschließen	ARBEITSBLATT 1 ➤ S. 10 TAFELBILD 1 ➤ S. 9
HA	Lektüre der Szene 1			*Abend über Potsdam*, S. 9–17

1.1 Einstieg: Zeitstrahl zur Weimarer Republik

Unterrichtsschritt mit Erläuterungen. Sowohl für das Verständnis von Lasersteins Gemälde »Abend über Potsdam« als auch des gleichnamigen Dramas des Autorenduos Hübner/Nemitz bedarf es einiger historischer Kenntnisse über die Spätphase der Weimarer Republik. Diese können der Lerngruppe durch einen Impulsvortrag der Lehrkraft unter Zuhilfenahme von VORLAGE 1 ***Zeitstrahl zur Weimarer Republik*** dargeboten werden; mit leistungsstärkeren Lerngruppen kann der Zeitstrahl auch in einem offenen Unterrichtsgespräch als Tafelbild entwickelt (oder bei entsprechender Planung durch Eigenleistungen der Schülerinnen und Schüler, beispielsweise Präsentationen oder Referate, eingefordert) werden.

LV / UG

VORLAGE 1
➤ S. 7

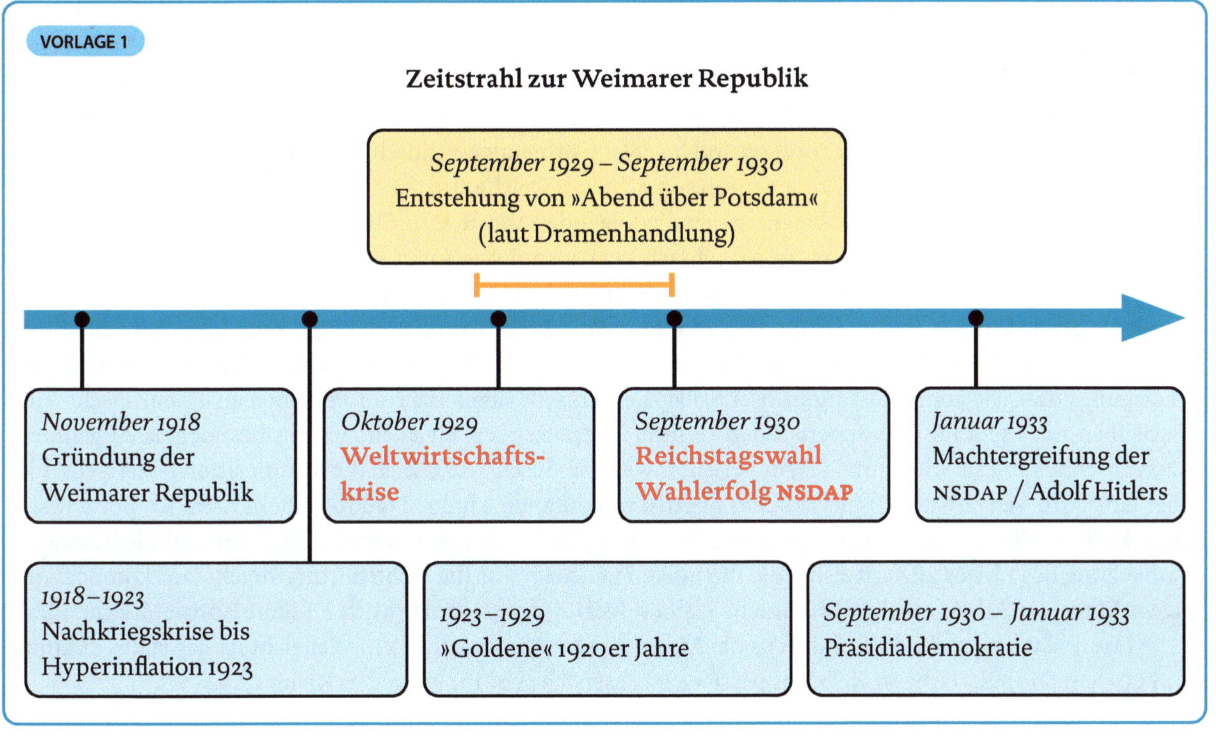

Deutlich werden sollte im Gespräch, dass die (fiktive) Entstehungszeit des Laserstein-Gemäldes – und somit die im Drama fiktiv verhandelte Zeitspanne – in eine krisenhafte und krisengeschüttelte Zeit fällt: Mit der Weltwirtschaftskrise im Oktober 1929 enden die »Goldenen zwanziger Jahre«, die nun einsetzende Depression führt nicht nur zu Massenarbeitslosigkeit und einer damit einhergehenden existenzbedrohenden Armut, sondern insbesondere auch zu einer Radikalisierung der Gesellschaft. Die von den alten Eliten aus Politik, Wirtschaft und Militär unverhohlen zur Schau gestellte Demokratiefeindlichkeit ist salonfähig wie eh und je, die Bemühungen um politischen Konsens – ein entscheidender Wesenszug der Demokratie – scheitern fortan an populistischen Ressentiments, an vereinfachenden Feindbildern, Schuldzuweisungen, an Hass und Hetze. Bei der Reichstagswahl im September 1930 wird die NSDAP zur zweitstärksten Partei, von diesem Tag an ist die erste deutsche Demokratie insofern handlungsunfähig, als sich im Parlament keine stabilen demokratischen Mehrheiten mehr finden – bis zur Machtergreifung Adolf Hitlers im Januar 1933 wird das Deutsche Reich per Präsidialdemokratie regiert. Das Drama *Abend über Potsdam* endet somit in jenem Moment, in welchem die gerne als Agonie bezeichnete letzte Phase der Weimarer Republik beginnt.

1.2 Erarbeitung/Sicherung: Bildbetrachtung Lotte Laserstein, »Abend über Potsdam« (1930)

PA / UG

ARBEITSBLATT 1
➤ S. 10

TAFELBILD 1
➤ S. 9

Unterrichtsschritt. Die Schülerinnen und Schüler bearbeiten das ARBEITSBLATT 1 ***Lotte Laserstein: »Abend über Potsdam« (1930)*** in Partnerarbeit. Die Ergebnisse werden von der Lehrkraft in TAFELBILD 1 gesichert. (Die Arbeit Lasersteins findet sich auch in der zugrunde gelegten Textausgabe *Abend über Potsdam*, S. 6 f.).

Erläuterungen. Eventuell kann die Lehrkraft die Lerngruppe bei der geforderten Erstellung einer stichwortartigen Bildbeschreibung (Arbeitsauftrag 1) dahingehend lenken bzw. unterstützen, dass das Tafelbild vorstrukturiert und dabei unterschieden wird zwischen den folgende Punkten: Überlegungen zur Gestaltung des Raumes, Überlegungen zur Anordnung der Figuren, Überlegungen zu den kunsthistorischen Zitaten bzw. Überlegungen zu den historischen Rahmenbedingungen (Arbeitsauftrag 2).

Informationen dazu finden sich in der vorangestellten Sachanalyse; für die Zitationstechnik Lotte Lasersteins in »Abend über Potsdam« könnte in einem offenen Unterrichtsgespräch über das in TAFELBILD 1 ***Bildbetrachtung Lotte Laserstein: »Abend über Potsdam« (1930)*** Zusammengestellte hinaus mit der Lerngruppe diskutiert werden:

- Der Dramentext liefert an den folgenden Stellen Hinweise auf die Zitationstechnik Lotte Lasersteins: Szene 1 (12,12 f.), Szene 6 (45,10 f.), Szene 9 (68,28 ff. bzw. 70,4), Szene 10 (71,10 ff.).
- Zu Leonardo da Vincis »Letztem Abendmahl«: »Welches Arrangement? Klassisches Abendmahl? Da Vinci? Flämisch?« fragt Ernst Rose in der Eröffnungsszene des Dramas (12,12 f.) und verweist damit auf die kunsthistorischen Bezugspunkte des in seiner Entstehung befindlichen Gemäldes »Abend über Potsdam«: Lotte Lasersteins Bildkomposition ist (sowohl inhaltlich als auch formal) angelehnt an die in der europäischen Malerei seit der Renaissance häufig aufgegriffene Darstellung des letzten Abendmahls, deren berühmteste wohl die Leonardo da Vincis ist. Vor einer sich im Hintergrund ins Weite öffnenden Landschaft ist auch dort eine zentrale Mittelfigur zum Ausgangspunkt der Komposition gemacht, um welche sich das Geschehen ordnet. Dem in da Vincis berühmtem Fresko fixierten Moment gehen die folgenden Worte Jesu Christi nach dem Neuen Testament, Matthäus 26,21, unmittelbar voraus: »Wahrlich, ich sage euch: Einer unter euch wird mich verraten.« Sichtbar und spürbar löst diese Ankündigung bei den anwesenden Jüngern Aufregung aus. Der emotionalen Bestürzung, die bei da Vinci in eine zu Gruppen geordnete gestische Dynamik umschlägt, setzt Laserstein allerdings eine andersartige Darstellung entgegen. Die Gesellschaft auf der Potsdamer Dachterrasse verharrt in ebenso bewegungsloser wie kommunikationsloser Stille. Gemeinsam sitzen die fünf Personen an einem Tisch – und verbleiben doch einsam und unverbunden in ihrer bedrückenden Melancholie. Ein besonderes Augenmerk kann abschließend auf die zentrale Figur gerichtet werden, die christusgleich die Komposition beherrscht, hier aber eine – im Verlaufe des Dramas zudem negativ zu deutende – junge Frau in gelbem Kleid ist. Lotte Laserstein krittelt selbst (in Szene 9) an der derart exponiert platzierten Figur herum, nicht ohne auf die besondere Farbgebung des Blattes zu verweisen, die die junge Frau, auch was die Lichtführung angeht, zur kompositorischen Mitte der Arbeit erhebt: »Mit einem kleinen Nazimädchen in der Mitte? Einem antisemitischen Balg […]? Dann hätte ich nicht die Zukunft in der Mitte, sondern Judas. TRAUTE. Vielleicht ist das ja die Zukunft. […] LOTTE. Die Judasfarbe ist Gelb, das passt auch besser, ich gebe ihr ein gelbes Kleid« (70,4–17).

TAFELBILD 1

Bildbetrachtung Lotte Laserstein: »Abend über Potsdam« (1930)

Überlegungen zur Gestaltung des Raumes:	Überlegungen zur Anordnung des Personals:
• Terrasse: Höhe/Weitsicht über Potsdam • Terrasse: Kluft zwischen Gesellschaft und Welt • Terrasse: Abgrund hinter dem Geländer	• kein Kontakt, keine Kommunikation • keine Interaktion, keine Verbindung • beisammen, aber isoliert • gemeinsam, aber einsam • Blicke gehen (aneinander vorbei) ins Leere • Melancholie
Überlegungen zu den kunsthistorischen Zitaten: • da Vinci, »Abendmahl«: Zitat Komposition • Abend vor der Kreuzigung Jesu Christi als Übergang von Tag zu Nacht bzw. von Leben zu Tod • Vermeer, »Mädchen mit dem Milchkrug«: Zitat Komposition	Überlegungen zu den historischen Rahmenbedingungen: • Ende der Goldenen 20er Jahre • Ratlosigkeit, Orientierungslosigkeit • unbestimmtes, ungewisses Warten • Abend hier als Untergang, Übergang, Zeitenwende • Visionäre Vorausschau

Hausaufgabe

Lektüre der Szene 1 (*Abend über Potsdam*, S. 9–17).

ARBEITSBLATT 1

Lotte Laserstein: »Abend über Potsdam« (1930)

Öl auf Holz, 110 × 205,5 cm. Neue Nationalgalerie Berlin – Staatliche Museen zu Berlin. – Bild-Nr. 00090586.
© bpk / Nationalgalerie, SMB / Roman März – © VG Bild-Kunst, Bonn 2024

Leonardo da Vinci (1452–1519), »Das letzte Abendmahl« (1494–98). Fresko in Seccotechnik, 422 × 904 cm. Mailand, Dominikanerkloster Santa Maria delle Grazie

Jan Vermeer (1632–1675), »Dienstmagd mit Milchkrug« (»Het melkmeisje«; 1658–60). Öl auf Leinwand, 45,5 × 41 cm. Amsterdam, Rijksmuseum

Arbeitsaufträge:

1. Betrachten Sie Lotte Lasersteins Gemälde »Abend über Potsdam«. Erstellen Sie eine stichwortartige Bildbeschreibung.
2. Berücksichtigen Sie dabei zum einen die kunsthistorischen Zitate, die Lotte Laserstein dem Gemälde einschreibt (da Vinci / Vermeer), zum anderen die in VORLAGE 1 fixierten historischen Rahmenbedingungen.

2 »Es ist ja eigentlich ein Bühnenarrangement.« Die Exposition des Dramas untersuchen

Sachanalyse

Im Drama der geschlossenen Form[1] kommen der Exposition mehrere bedeutsame Funktionen zu: Erwartet werden von der Eröffnungsszene erste Informationen zum Ort (also zur Lokalisierung der Handlung), zur Zeit (also zur zeitlichen Situierung der Handlung und zum Personal (also z. B. zu dessen Interessen, zu dessen Intentionen, zu dessen emotionalem Befinden, dessen Sorgen, Ängsten, Nöten, dessen Wünschen, Begehrlichkeiten etc.). In der Exposition sollte ein Konflikt erkennbar werden, der die einsetzende Handlung des Dramas motiviert. Goethe formuliert für das Drama – und insbesondere dessen Exposition – bündig: er »möchte das den besten dramatischen Stoff nennen, wo die Exposition schon ein Teil der Entwicklung ist« (Brief an Schiller vom 22. 4. 1797). Dass jede Dramen-Exposition eine gleichermaßen informierend-referenzielle wie phatische, also kontaktherstellende Funktion besitzt, wird als bekannt vorausgesetzt. Den Schülerinnen und Schülern soll über diese dramentheoretischen Grundlagen hinaus ein Verständnis dafür vermittelt werden, dass in jeder Exposition jenseits des auf der Bühne fiktiv Verhandelten das Publikum der eigentliche Adressat des dramatischen Geschehens bzw. der dramatischen Rede ist.

Als Exposition des Dramas *Abend über Potsdam* soll hier die Szene 1 gelten. Die Eröffnungsszene des Dramas ist in ihrer besonderen Bedeutung von Hübner und Nemitz durch einige formale Auffälligkeiten gekennzeichnet: Nur ein einziges Mal sind alle Figuren des Spiels auf der Bühne versammelt; nur diese eine Szene des Dramas spielt außerhalb des Ateliers Lotte Lasersteins unter fiktiv freiem Himmel; und nur diese eine Zusammenkunft der Figuren bleibt (nahezu) konflikt- und spannungsfrei. Jenseits der formalen Besonderheiten wird die Lerngruppe weiter dafür sensibilisiert, dass auch inhaltliche Besonderheiten die Exposition des Dramas kennzeichnen. Dazu zählt insbesondere die Tatsache, dass das szenisch Dargestellte sich einer – dem Zuschauer bekannten – bildlichen Darstellung annähert: Die Figuren des Dramas *Abend über Potsdam* stellen das Gemälde »Abend über Potsdam« Lotte Lasersteins nach.[2] Diese Besonderheit verändert die gewöhnliche Erwartungshaltung an eine Exposition – und erhebt das theatralische Spiel gleichsam auf eine Metaebene: »Es ist ja eigentlich ein Bühnenarrangement«, kommentiert Ernst Rose, der sich, »als Theatermensch gesprochen« (15,21 f.), in die Motivfindung Lotte Lasersteins mischt und nahezu unmerklich die kunstvolle Konstruktion der Szene 1 freilegt, indem er das Dargestellte zu einem »Spiel im Spiel«, zum »Theater auf dem Theater« erklärt. Tatsächlich sehen und erleben die Zuschauer, wie die Figuren des auf der Bühne einsetzenden Spiels zueinanderfinden, wie sie einander bekanntgemacht und vorgestellt werden, wie sie Beziehungen zueinander knüpfen, um dann von Lotte Laserstein in die nächste Spielebene – nämlich die des Gemäldes befördert zu werden. Nimmt man die Projektion auf dem »[ü]ber der Spielfläche« (9,5) hängenden Holzbrett hinzu, (»die Silhouetten der Sitzenden erscheinen als Linien auf dem weißen Brett über der Bühne«, 17,24 f.), erleben die Rezipienten von Beginn an ein mehrfach potenziertes Theaterspiel, das sich – einem Vexierspiegel gleich – selbst befragt. Um mit Brecht zu sprechen: die Rezipienten erfahren einen präzise kalkulierten Verfremdungseffekt, der ganz im Sinne des epischen Theaters den Zuschauer nicht in eine Aktion verwickelt, sondern ihn zum Betrachter macht, der seine Aktivität nicht verbraucht, sondern weckt, der nicht Erlebnis, sondern Kenntnis vermitteln will, der nicht die Spannung auf den Ausgang der Handlung, sondern auf den Gang der Handlung wecken will. Souverän stehen Hübner und Nemitz in der Tradition einer ästhetischen Revolution, die in jenen 20er Jahren des vergangenen Jahrhunderts ihren Anfang nahm, in der die Handlung des Theaters zeitlich situiert ist.

Die Schülerinnen und Schüler nähern sich der Exposition des Dramas *Abend über Potsdam* an, indem sie gemeinsam ihre Erwartungshaltung an den Beginn eines Dramas klären. Ort, Zeit, Personal, Konflikte und einsetzende Handlung werden ausdifferenziert bzw. erschlossen, mit guten Lerngruppen kann im Anschluss handlungsorientiert über den Text hinaus

1 An späterer Stelle dieses Unterrichtsmodells wird deutlich, dass *Abend über Potsdam* im Wesentlichen der aristotelischen Form des geschlossenen Dramas folgt, vgl. hierzu Kapitel 4.

2 In der sechsten Szene des Dramas wird es ein einziges Mal explizit heißen: »Ein Moment der Stille, alle sitzen in sich versunken am Tisch, es ähnelt dem Motiv des Gemäldes« (52,19 f.). Sascha Feuchert kommentiert: »Was das Kunstwerk schon länger ahnungsvoll zeigt, wird nun durch die Handlung auf der Bühne eingeholt.« Sascha Feuchert, »Nachwort«, in: Lutz Hübner / Sarah Nemitz, *Abend über Potsdam*, 2., durchges. Aufl. Ditzingen 2024, S. 87–99, hier S. 87.

gearbeitet werden: Indem die Schülerinnen und Schüler Standbilder bauen, kann das bis zu diesem Zeitpunkt Beobachtete bzw. Erarbeitete in einen zugleich handlungsorientierten wie prüfend-reflektierenden Prozess überführt werden.

Unterrichtsverlauf

Überblick. Die Schülerinnen und Schüler klären, welche Erwartungshaltungen sie an die Exposition eines Dramas richten können, welche Information die Exposition den Lesenden bzw. den Theaterbesuchern zu bieten und welche Funktion eine Exposition demnach zu erfüllen habe. In einer Transferleistung werden die gewonnenen Erkenntnisse auf die Eröffnungsszene des Dramas angewandt. ! **Verkürzter Verlauf: 2.1 – 2.2 – 2.3**

Phase	Thema	Sozialform	Kompetenzen/Lernziele	Materialien
Voraussetzungen: Lektüre der Szene 1, S. 9–17				
2.1	Einstieg: Aufbau und Funktion der Exposition	UG	• Aufbau und Funktion der Exposition erkennen und benennen	TAFELBILD 2a ➤ S. 13
2.2	Erarbeitung/Sicherung (1): Ort, Zeit und Personal	UG / GA	• Erste Hinweise zu den Orts- und Zeitverhältnissen bzw. zum Personal des Dramas sammeln	ARBEITSBLATT 2 ➤ S. 20 ARBEITSBLATT 1 ➤ S. 10
2.3	Erarbeitung/Sicherung (2): Konflikt und Handlung	PA / UG	• Die Ausgestaltung der handlungsmotivierenden Konflikte erkennen und benennen	TAFELBILD 2b ➤ S. 17 ARBEITSBLATT 1 ➤ S. 10
2.4 **fakultativ**	Erweiterung: Standbild-Bau	GA / UG	• Die Beziehungen der Figuren zueinander reflektieren und szenisch gestalten	VORLAGE 2 ➤ S. 19
HA	Lektüre der Szenen 2–5			*Abend über Potsdam*, S. 18–40

2.1 Einstieg: Aufbau und Funktion der Exposition

UG

TAFELBILD 2a ➤ S. 13

Unterrichtsschritt. In einem offenen Unterrichtsgespräch wird die Frage geklärt, welche Erwartungshaltungen Schülerinnen und Schüler an die Exposition eines Dramas richten könnten, welche Information die Exposition dem Leser bzw. dem Theaterbesucher zu bieten habe und welche Funktion einer Exposition demnach zukomme. Als Exposition von *Abend über Potsdam* soll die erste Szene (S. 9–17) gelten. Die Ergebnisse des – erfahrungsgemäß unkompliziert zu führenden – Impulsgespräches werden in TAFELBILD 2a gesichert. Der Einstieg in die Unterrichtseinheit sollte nicht mehr als 10 Minuten Zeit in Anspruch nehmen.

Erläuterungen. Goethe formuliert für das Drama, er »möchte das den besten dramatischen Stoff nennen, wo die Exposition schon ein Teil der Entwicklung ist« (Brief an Schiller vom 22.4.1797). Aufgabe der Exposition ist es demnach, »die bevorstehende Bühnenhandlung, genauer gesagt, deren Verständnis seitens des Publikums, vorzubereiten. Der ihr vielfach gleichgesetzte erste Akt soll, so wünscht Corneille in seinem ›Discours de l'utilité et des parties du poème dramatique‹ (1660), die Samenkörner, oder, wie er auch sagt, das Fundament der Handlung enthalten (›les semances de tout ce qui doit arriver‹)« (Bernhard Asmuth, *Einführung in die Dramenanalyse*, Stuttgart [2]1984, S. 103). Versammeln, verdichten, verknüpfen, verweisen – von der Exposition des Dramas müssen demnach erwartet werden: Informationen zu *Ort und Zeit* des Geschehens (also zur Lokalisierung der Handlung sowie zu deren zeitlicher Situierung), Informationen zum *Personal* des Dramas, es muss ein *Konflikt* erkennbar werden, der die einsetzende Handlung motiviert, weiter können *Leitthemen und Leitmotive* des Dramas bereits an dieser frühen Stelle sichtbar gemacht werden. Mit guten Lerngruppen könnte abschließend darüber

TAFELBILD 2a

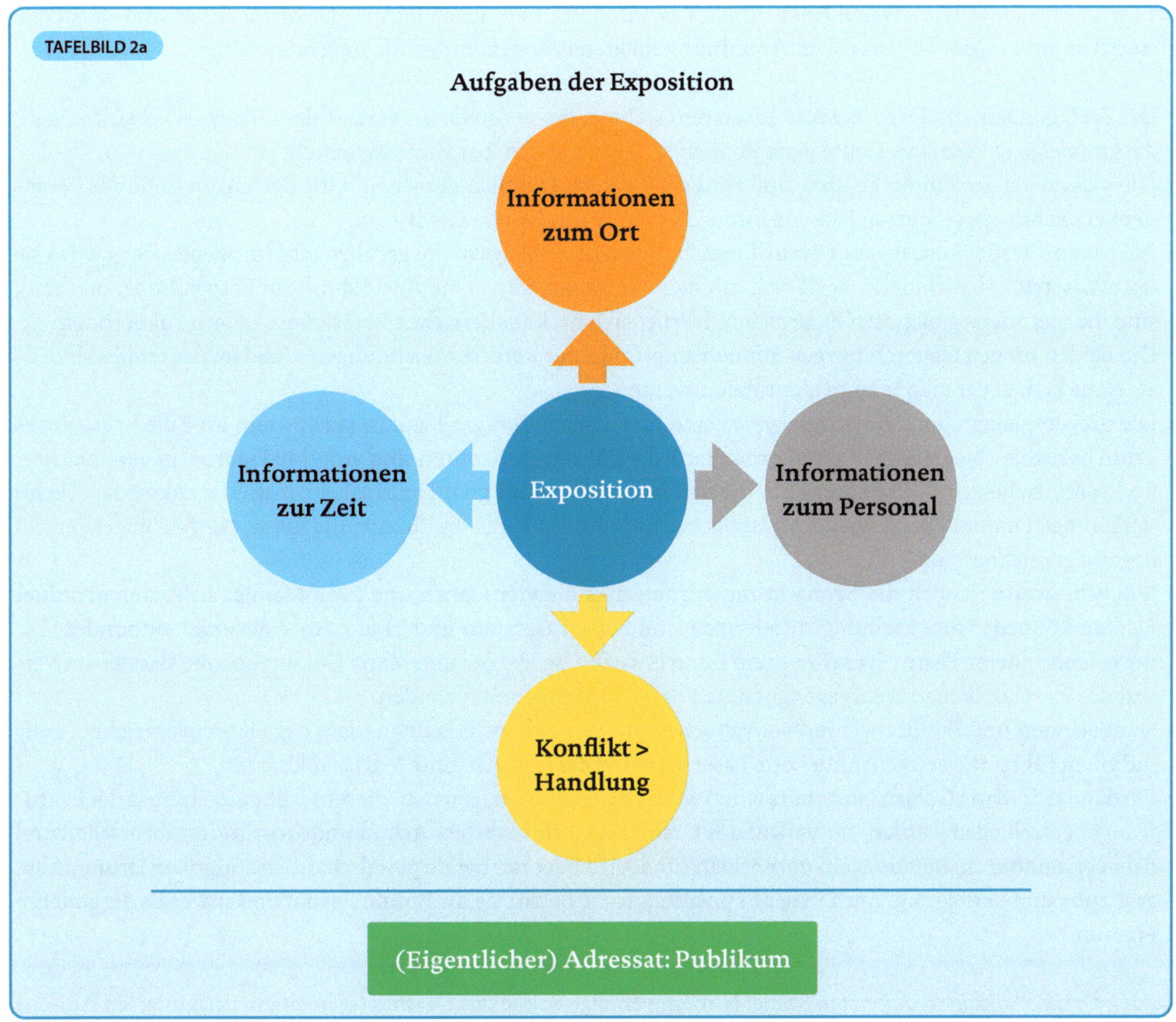

diskutiert werden, dass der Charakter der dramatischen Rede innerhalb der Exposition als mehrfach adressierte Äußerung verstanden werden muss – insofern, als der eigentliche Adressat jeder Rede zu diesem frühen Zeitpunkt immer auch das (Lese-)Publikum ist. Nicht selten ist die spielinterne Kommunikation, also: das eigentlichen Bühnengeschehen, dieser Funktion untergeordnet.

2.2 Erarbeitung/Sicherung (1): Ort, Zeit und Personal

Unterrichtsschritt. Nach einem knappen, offenen Unterrichtsgespräch, das die Ort- und Zeitverhältnisse der Exposition umreißt (eventuell auch einen Blick auf das Personenverzeichnis S. 5 wirft), erarbeiten sich die Schülerinnen und Schüler einen ersten Überblick über das Personal des Dramas. Dazu erhalten sie das ARBEITSBLATT 2 ***Einführung des Personals in die Handlung*** und lösen die dort notierten Arbeitsaufträge in Gruppenarbeit (fünf Gruppen zu je vier bis fünf Personen). Die Gruppenarbeiten sollten nicht mehr als 25 Minuten Zeit in Anspruch nehmen, im Anschluss ca. 5 Minuten Präsentation durch jede Gruppe, insgesamt ca. 50 Minuten. Das Gemälde »Abend über Potsdam« (ARBEITSBLATT 1) sollte währenddessen für alle sichtbar auf dem Digiboard (oder in anderer Weise) gezeigt werden.

UG / GA

ARBEITSBLATT 2 ➤ S. 20
ARBEITSBLATT 1 ➤ S. 10

Erläuterungen. Ein genauer Blick auf Figurenkonstellation und Personal des Dramas ist Gegenstand der 5. (Ernst Rose und Bodo Imhoff), der 6. (Lotte Laserstein und Traute Rose) und der 7. Stunde (Lise Henkel und Maria Goldmann). Insofern ist hier nur eine knappe, vorläufige Annäherung intendiert, die den Schülerinnen und Schülern für die folgenden Sitzungen zur Orientierung dienen soll. Fakultativ kann sich (je nach Lektürestand der Lerngruppe) ein kurzer Blick auf das Figurenverzeichnis des Dramas lohnen (S. 5). Als *dramatis personae* werden hier geführt: Lotte Laserstein, Traute Rose, Ernst Rose, Bodo Imhoff, Lise Henkel und Maria Goldmann. Mögliche erste Erkenntnisse, die sich aus dieser Anordnung ableiten lassen, könnten die folgenden sein:

- Die Protagonistin des Dramas Lotte Laserstein steht an erster Stelle. Im Verlauf des Dramas wird sich zeigen, dass ihre engste Vertraute Traute Rose ihr nicht zufällig unmittelbar zur Seite gestellt ist.
- Die vier zuerst genannten Figuren sind ähnlichen Alters. Deutlich jünger sind die beiden am Ende des Personenverzeichnisses geführten Frauenfiguren Lise Henkel und Maria Goldmann.
- Auch wenn Traute Rose hier der Berufsbezeichnung nach als Angestellte geführt wird (in Szene 4, S. 33, wird sie Lotte Laserstein berichten, dass sie sich mit dem Gedanken trägt, eine Ausbildung zur Fotografin zu machen), sind die vier zuerst genannten Figuren intellektuellen bzw. künstlerischen Betätigungsfeldern zuzuordnen.
- Die beiden jungen Frauen hingegen können aufgrund ihrer Berufsbezeichnungen »Telefonistin« und »Modell« als Neue Frauen der 1920er Jahre identifiziert werden.
- Die drei erstgenannten *dramatis personae* sind historisch verbürgte Figuren (auch wenn im Falle Ernst Roses kaum belastbare biografische Fakten existieren), die drei letztgenannten sind erdachte Figuren. In vereinfachter und vereinfachender Weise könnte für die drei historisch verbürgten Figuren festgehalten werden, dass sie im Verlauf des Dramas überwiegend positiv gezeichnet sind, für die drei fiktiven Figuren, dass sie überwiegend negativ gezeichnet sind.
- Möglicherweise ist auch die Beobachtung erlaubt, dass die vier Frauen und zwei Männer zu Paaren geordnet werden können: Trotz Meinungsdifferenzen sind Lotte Laserstein und Traute Rose einander verbunden, für die beiden anderen Paare (Ernst Rose und Bodo Imhoff, Lise Henkel und Maria Goldmann) gilt, dass sie im Verlauf des Dramas diametral entgegengesetzte Positionen einnehmen werden.
- Schülerinnen und Schüler werden vermutlich nicht wissen bzw. erkennen, dass das Figurenverzeichnis zwei Jüdinnen führt: Die erstgenannte Lotte Laserstein und die letztgenannte Maria Goldmann.
- Ob damit für Maria Goldmann bereits eine Wertung getroffen ist, muss zu diesem frühen Zeitpunkt der Lektüre nicht entschieden werden: Im Verlauf des Dramas wird sie in bittere Armut und Prostitution abrutschen und dabei erkennbar ein Bewusstsein entwickeln für die ihr bevorstehende gesellschaftliche Stigmatisierung, Ausgrenzung und Verfolgung. Auch in der Expositionsszene betritt sie die Bühne separat und später als die anderen Figuren.

Zu den Ortsverhältnissen der ersten Szene. Nur eine einzige Szene des Dramas ist in einem imaginierten Außenraum verortet: Die hier vorliegende Expositionsszene. Von den Eltern einer Schülerin hat Lotte Laserstein die Erlaubnis erhalten, die Terrasse deren Hauses für ihre Arbeit zu nutzen (11,25–28). Hübner/Nemitz greifen mit der Ausgangssituation des Dramas die Entstehungsgeschichte des Gemäldes auf, wie sie Traute Rose in ihren Erinnerungen geschildert hat. Der Bildträger, »die sehr lange Holzplatte«, wurde »mit der Berliner S-Bahn nach Potsdam transportiert, dann weiter mit der Postkutsche zum eigentlichen Bestimmungsort, zu Bekannten, die eine große Dachterrasse mit Blick über Potsdam hatten« (Anna-Carola Krausse, *Lotte Laserstein. Meine einzige Wirklichkeit*, Berlin 2022, S. 109). Die Erinnerungen Traute Roses liefern Hübner/Nemitz jedoch nicht nur die Idee für die Ausgangssituation, sondern auch für den weiteren Verlauf des Dramas: »Die Freunde kamen zusammen für die ersten Skizzen. Sie nahmen ihre Plätze ein, und es wurde bestimmt, wo und wie sie stehen sollten. Die Figuren wurden nur skizziert, weil erst der Hintergrund gemalt werden sollte. Nachdem das geschehen war, transportierte die Malerin die Holztafel zurück in ihr Atelier mit hohem Atelierfenster, wo sie die gleichen Lichtverhältnisse wie auf der Dachterrasse hatte. Nun begann die lange Arbeit mit den verschiedenen Modellen. Meine Position außen links vor dem Geländer stand fest, ebenso die meines Mannes [...], der unseren Hund zu seinen Füßen hatte. Die Mittelfigur war zuerst ein Mädchen im roten Pullover [...], die allerdings nicht so lange durchhielt und schließlich durch das Mädchen im gelben Hemdchen ersetzt wurde. Der neben ihr sitzende romantische Mann hatte auch einen Vorgänger. Er wurde zu seinem großen Bedauern ausgewischt [vgl. im Drama hierzu die Formulierung Bodo Imhoffs, 36,10–17]. Das im Vordergrund stehende Mädchen in Grün war passend, konnte aber nicht so lange stehen. Also stand ich Modell für ihre Beine [vgl. hierzu die Bemerkung Lotte Lasersteins, 65,14 f.]« (ebd., S. 109 f.).

Jenseits der (letztlich nicht im Vordergrund stehenden) Nachbildung historischer Realität sollten die Schülerinnen und Schüler die metaphorische Bedeutung der Raumgestaltung erkennen: Zum ersten und zugleich einzigen Mal trifft sich die »Gruppe von Freunden auf einer Dachterrasse« (15,31), wie Lotte Laserstein selbst ihre Bildidee bezeichnet. Und nur dieses eine Mal stehen die Figuren über den Ereignissen, gleichsam frei im Freien, um den weiten Blick in eine weite Landschaft zu genießen. Im gleichen Maße, wie sich die Krise der Republik nach dem Oktober 1929 verschärfen wird, wird sich die Lebenswelt und mit dieser der Handlungsspielraum der

Dramenfiguren verengen. Insbesondere für die Protagonistin Lotte Laserstein beginnt eine Phase intensiver Arbeit an ihrem Werk, die zugleich einen Rückzug in den (noch) geschützten privaten Innenraum ihres Ateliers bedeutet. Die Bemerkung Lises: »Ist das schön« (9,11) verweist – zu diesem frühen Zeitpunkt noch nahezu unmerklich – auf die Fragilität des Ist-Zustandes.

Zu den Zeitverhältnissen der ersten Szene: Das Drama *Abend über Potsdam* setzt ein am Ende jener wenigen politisch und wirtschaftlich stabilen Jahre zwischen der Hyperinflation von 1923 und der Weltwirtschaftskrise von 1929, die den Zwanzigern zu ihrem Beinamen ›Golden‹ verholfen haben. Es beginnt am 29.9.1929 (Szene 1) und endet nahezu exakt ein Jahr später am 14.9.1930 (Szene 11). Nicht zufällig korrespondiert dieser letzte Moment relativer Freiheit mit den oben beschriebenen Ortsverhältnissen: Kaum einen Monat später läutet der *Black Friday* vom 25.10. (schockartige Kursstürze) bzw. der *Black Tuesday* vom 29.10.1929 (endgültiger Zusammenbruch des Börsenhandels) die Weltwirtschaftskrise ein. Mit ihr begann die später so bezeichnete Agonie der Weimarer Republik. Die Krise wird den tiefen Graben sozialer Ungleichheit verschärfen und die Radikalisierung der politischen Positionen in erheblichem Maße forcieren. Binnen drei Jahren steigt die Zahl der Arbeitslosen von 1,25 Millionen im Juli 1929 auf 6,04 Millionen im Januar 1932. Traute Roses Bemerkung »Es zieht sich langsam zu« (10,4) ist vor dem Hintergrund dieser heraufziehenden Krise wohl ebenso metaphorisch zu lesen wie die Tatsache, dass das Drama an einem »Abend« im Herbst beginnt – allegorisch jeweils zu lesen als das nahende Ende einer zyklischen Einheit.

Zu den Arbeitsaufträgen 2 und 3 von **ARBEITSBLATT 2** *.*

Lotte Laserstein: Die Protagonistin des Dramas erscheint – naturgemäß – nicht auf dem Gemälde, ist aber bereits in der Eröffnungsszene der Mittelpunkt des Freundeskreises: Ihr Vorhaben bildet Anlass und Grund des Zusammentreffens und initiiert somit das Zusammenfinden der einander zum Teil unbekannten *dramatis personae.* Sie kommuniziert im Verlauf der ersten Szene reihum mit allen Anwesenden, hinterfragt deren emotionale Befindlichkeiten (etwa bei Lise Henkel, 12,22–13,3), erscheint aufmerksam und zugewandt (etwa bei Maria Goldmann, 13,13 ff.), stellt einander vor (14,21–15,8), liefert (dort, wo gewünscht) Erklärungen und Informationen zu den Personen, scheint in all ihrem Tun freundlich, umsichtig und in sich ruhend. Die Schülerinnen und Schüler könnten bemerken, dass Lotte Laserstein zwar die Idee ihres Bildes (noch) nicht klar zu formulieren vermag (16,12 f.), bei der Anordnung des Tableaus und der Requisiten aber sehr präzise Vorstellungen hat und den Figuren – häufig imperativisch – ihre Haltungen zuweist bzw. Haltungsänderungen verbietet (so bei Bodo Imhoff, 17,17 f.). Andererseits ist sie durchaus offen für fremde Vorschläge bzw. alternative Problemlösungen: So korrigiert, verbessert und bestimmt Maria Goldmann ihre Haltung zu erheblichem Teil selbst (17,13 ff.).

Traute und Ernst Rose: Mit insgesamt 28 Zeilen Text ist der Sprechanteil Traute Roses in der Expositionsszene eher gering. Auffallend ist jedoch, dass die Figur trotz der überschaubaren Textmenge dreizehn Fragen stellt – von denen sich die Mehrzahl (nämlich acht) direkt an Lotte Laserstein richtet. Ganz offensichtlich kommt Traute Rose bereits hier die Funktion einer Unterstützerin zu: Sie ist es, die Ersatzkleidung für Maria Goldmann bereithält (13,23), sie ist es, die sich für das Aufbügeln der Requisiten verantwortlich fühlt (11,29 f.), sie initiiert die Vorstellungsrunde, also den Annäherungsprozess der Bühnenfiguren (14,21) – und ist damit neben Lotte Laserstein diejenige, die das Vorankommen der Eröffnungssitzung forciert und deren Gelingen garantiert. Ihr Ehemann Ernst Rose erscheint von Beginn an als sprachgewandter und humorvoll-ironischer Intellektueller, der sein kunsthistorisches Wissen (12,12 f.) ebenso wie seine Bühnenerfahrung (15,21 ff.) gerne und bereitwillig zum Gesprächsthema macht. Einerseits weltfremd, wenn er Maria nach ihrem Verdienst fragt und warum sie als Modell »mit den Hunden raus« (15,10 f.) müsse, ist er gleichzeitig fähig zur Selbstironie, wenn sein Beruf anderen Anwesenden als weltfremd erscheint. Befragt, was die Berufsbezeichnung ›Dramaturg‹ denn meine, antwortet Ernst: »Das frage ich mich praktisch jeden Tag, den Gott werden lässt« (15,5 f.). Der zu seinen Füßen liegende Hund verbindet den gutmütigen Intellektuellen mit dem Topos der Melancholie (der Hund als Symbol taucht etwa schon in Dürers »Melencolia I« von 1514 auf) – dem auch seine ins Weite sinnierende Haltung entspricht. Zu diesem frühen Zeitpunkt des Dramas ist Ernst Rose Bodo Imhoff (noch) freundschaftlich verbunden. Traute und Ernst Rose sind auf dem Gemälde »Abend über Potsdam« die beiden linken Figuren.

Bodo Imhoff: Im Verlaufe des Dramas wird Bodo Imhoff als freier Mitarbeiter des *Vossischen Tagblatts* gekündigt, und er wendet sich dem *Völkischen Beobachter* (und damit dem Nationalsozialismus) zu, dessen Parolen er in Szene 5 Lotte Laserstein gegenüber verteidigen wird (S. 38–40). Ob vor diesem Hintergrund bereits seine ersten Sätze beiläufig oder metaphorisch zu lesen sind, kann von guten Schülerinnen und Schülern hinterfragt werden: »Bist du dir sicher, dass du uns mit auf dem Bild haben willst? Wir stören doch nur« (9,12 f.). Eingeführt wird Bodo Imhoff in das Drama als »[u]nveröffentlichter Schriftsteller, vulgo: Journaille« (14,26 f.). Seine Sprache nähert sich stilistisch seinen späteren politischen Positionen an: verknappend, vereinfachend, dem Militärjargon entlehnt, formuliert Bodo Imhoff gerne elliptisch pointiert (10,20 ff.). Seine anmaßenden Kenntnisse der Potsdamer Topografie werden von Lotte Laserstein binnen weniger Zeilen als Erfindung entlarvt (9,23–10,2), was als ein früher Hinweis auf das Lügenkonstrukt des späteren Propagandisten gelesen werden kann. Dass Bodo Imhoff die Erlöserkirche zu erkennen meint und sich selbst im Verlauf der Szene als »Erlöser« (12,14) bezeichnet, schließt an die blasphemisch überhöhte Darstellung Adolf Hitlers als Messias durch die Propaganda des Nationalsozialismus an. Ironisch verweist am Ende der Szene bereits die Haltung, die er für das Gemälde »Abend über Potsdam« einzunehmen hat, auf seine politische Gesinnung: Der erhobene rechte Arm, der ihm wegen des zu hohen Geländers einschläft, karikiert den Hitlergruß und wird von Ernst Rose nicht minder politisch aufgeladen konterkariert: »Frag meine linke Hinterbacke« (17,21).

Lise Henkel und Maria Goldmann: Als »goldrichtig« (12,8) bezeichnet Traute Rose die 19-jährige Lise in der Expositionsszene – und verweist damit auf die anfängliche Verbundenheit der beiden jüngsten Frauen, indem sie Lise dem Nachnamen Marias annähert. Sowohl durch ihr Alter als auch ihre Berufsbezeichnungen (Telefonistin und Modell) sind Lise Henkel und Maria Goldmann als typische Neue Frauen der 1920er Jahre ausgewiesen (vgl. hierzu Unterrichtsschritt 3.2). Es ist kein Zufall, dass Lise das Modell Maria bei deren Ankunft mit der Schauspielerin Camilla Horn vergleicht (»Sie ist so schön. Wie Camilla Horn«, 13,27) – und damit einen ihrer wohl tiefsten Wünsche freilegt, den sie mit vielen jungen Frauen ihrer Generation teilt. »Ich will so ein Glanz werden, der oben ist«, formuliert das kunstseidene Mädchen Irmgard Keuns, »[m]it weißem Auto und Badewasser, das nach Parfüm riecht, und alles wie Paris« (Irmgard Keun, *Das kunstseidene Mädchen*, Berlin [12]2013, S. 45). Vorläufig lebt die 19-Jährige allerdings das nahezu klischeehafte Leben der Neuen Frau. Tagsüber Telefonistin, abends zum Tanztee ins Europahaus (13,1), danach »nächtliche[] Eskapaden« (35,3) auf privaten Partys, die nicht selten in erotische Umtriebigkeiten münden. »Als sie noch erzählt hat, wie sie irgendwelchen grünen Jungs nachts am Wannsee einen geblasen hat, war sie amüsanter« (35,11 ff.) wird Lotte an späterer Stelle von ihr sagen. Erwachsener und entschiedener ist Maria Goldmann. Das Geld, von dem sie sich und ihre kranke Mutter ernährt, verdient sie als Modell und mit dem Ausführen fremder Hunde. Die polnische Jüdin betritt die Bühne als letzte der versammelten Figuren – was von der Lerngruppe als Hinweis auf ihre spätere Ausgrenzung gelesen werden könnte, ebenso wie der durch die Hunde verunreinigte helle Rock möglicherweise die spätere Prostituierte ankündigt, eine Annahme, die durch die Worte Marias »Fleisch ist billig. Menschenfleisch« (15,14) verstärkt wird. Marias Schönheit wird explizit thematisiert (13,27 ff.). Ausgerechnet der später dem Nationalsozialismus das Wort redende Bodo Imhoff lädt die Jüdin am Ende dieses Tages auf dem Anhalter Bahnhof ein (28,14 f.). Den Schülerinnen und Schülern könnte darüber hinaus Marias Sprache auffallen, die zwischen einem zeitweise ungelenken bzw. fehlenden Ausdrucksvermögen (15,4) und einer unverblümt geradlinigen ›Berliner Schnauze‹ changiert. Insbesondere den anwesenden Männern gegenüber schlägt sie einen spürbar konfrontativen, auch: latent-aggressiven Tonfall an: »Sie müssen ruhig sein, Männer, […] ihr müsst Respekt haben« (16,6 ff.), weist sie Ernst Rose und Bodo Imhoff zurecht, um kurz darauf die beiden Intellektuellen noch deutlicher zu maßregeln: »Ihr seid wie Kinder, die immer plappern, sie muss jetzt nachdenken, versteht ihr das nicht? Das ist nicht so schwer, jeder Dummkopf kann das verstehen!« (16,15 ff.). Ungeachtet ihres unterschwelligen Aggressionspotenzials (und ihrer späteren Profession) kann Maria zu diesem frühen Zeitpunkt des Dramas noch als unschuldig gelten – in Anlehnung an die von Lotte Laserstein zitierte »Dienstmagd mit Milchkrug« des holländischen Künstlers Jan Vermeer (1632–1675). Von Lotte Laserstein wird Maria Goldmann im grünen Seidenkleid an den rechten Bildrand, Lise Henkel in die Mitte des Bildes platziert.

2.3 Erarbeitung/Sicherung (2): Konflikt und Handlung

PA / UG

TAFELBILD 2b
➤ S. 17

ARBEITSBLATT 1
➤ S. 10

Unterrichtsschritt. In Partnerarbeit prüfen die Schülerinnen und Schüler abschließend, welche Konflikte in der Expositionsszene erkennbar und welche Handlungen angeschoben werden. Inklusive eines Unterrichtsgespräches, das die Ergebnisse in TAFELBILD 2b versammelt, sollte der Unterrichtsschritt ca. 30 Minuten Zeit in Anspruch nehmen. Auch während dieses Unterrichtsschrittes wird das Gemälde (ARBEITSBLATT 1) auf dem Digiboard (oder in anderer Weise) gezeigt.

Erläuterungen. Entgegen herkömmlicher Dramen-Kompositionen setzt das Stück (vgl. die Ausführungen zu Ort und Zeit oben) in einem Moment ein, in dem sich alle Figuren noch unbeschwert und unbelastet frei unter freiem Himmel begegnen können – am Vorabend der bereits wetterleuchtend heraufziehenden Krise. Entsprechend entsteht das Konfliktpotenzial der Exposition eher durch die dem Text eingeschriebene Metaphorik denn durch of-

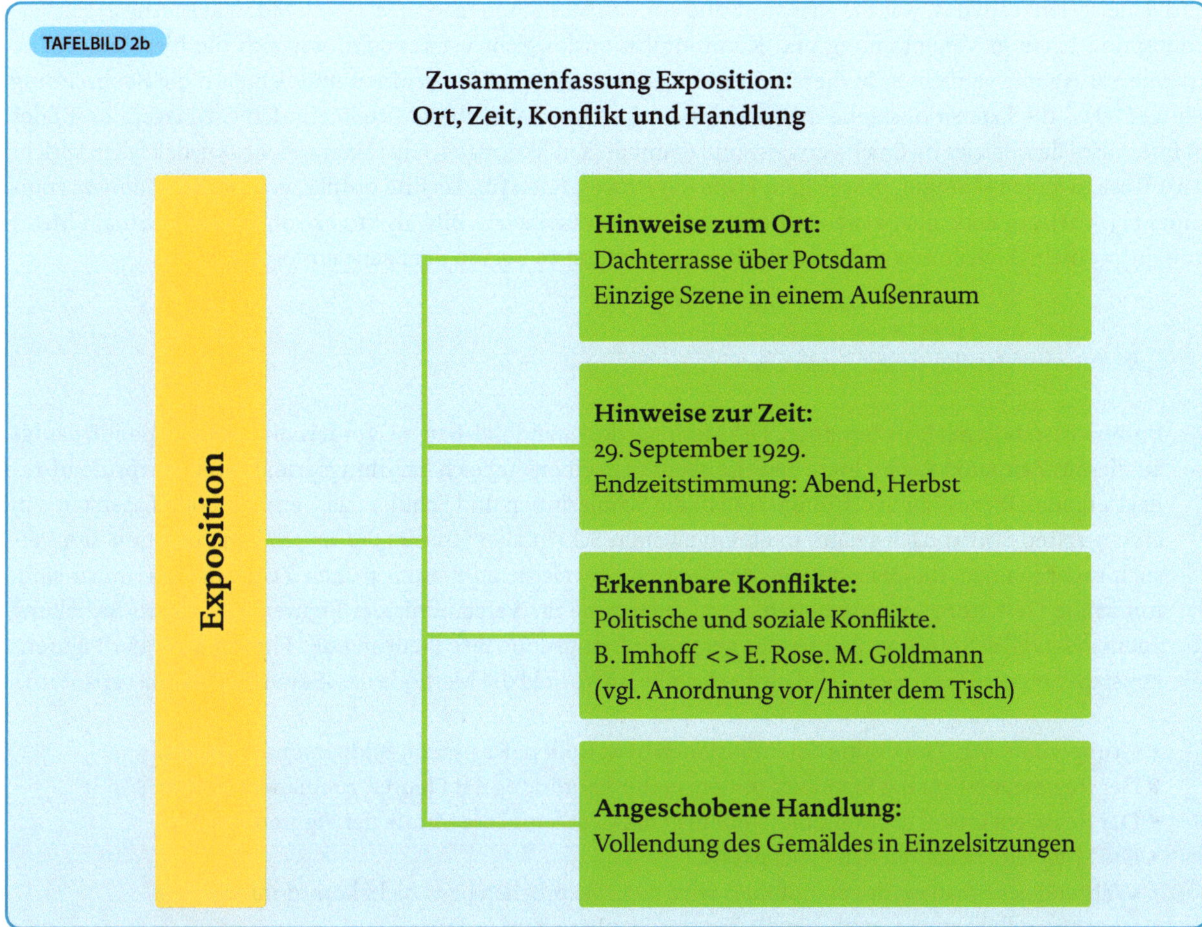

fen ausgetragene Meinungsverschiedenheiten unter den Anwesenden. Die Schülerinnen und Schüler stehen also vor der durchaus anspruchsvollen Aufgabe, das metaphorisch im Subtext angelegte Konfliktpotenzial zu erkennen und zu filtern. Dazu könnten gehören:

- Traute Roses Anspielung auf das sich langsam zuziehende Wetter (10,4)
- Bodo Imhoffs Hinweise auf die (topografisch falsch verortete) Erlöserkirche bzw. die Tatsache, dass er sich selbst als Erlöser bezeichnet (»Ich bin der Erlöser. Erster ohne Streit« 12,14) – eine Rolle, die die Propaganda des Nationalsozialismus später Adolf Hitler zuweisen wird.
- Weiter wird der politische Dissens zwischen Bodo Imhoff und Ernst Rose bereits hier durch ihre unterschiedliche Haltung auf dem Gemälde offenbar: Bodo Imhoff schmerzt der erhobene rechte Arm (eine Anspielung auf den Hitlergruß), Ernst Rose hingegen die »linke Hinterbacke« (17,21).
- Wenn die Entgegensetzung von Bodo Imhoff und Ernst Rose wahrgenommen wurde, kann anhand des Gemäldes eine Ausweitung auf das ganze Gruppenensemble als Hypothese formuliert werden: Die späteren Sympathisanten Hitlers und seine Gegner sind den beiden Seiten des Tisches zugeordnet. Der Konflikt ist symbolisch also bereits in der vorgenommenen Gegenüberstellung angelegt. Ein Hinweis auf die Position der Jüdin Maria Goldmann kann dafür als Impuls genutzt werden. (Weiteres Kennzeichen: helle vs. dunkle Kleidung; vgl. auch 43,25 f.: »ERNST. Wir sind die dunkle Seite, Traute. Der Nazi ist bis jetzt die hellste Figur«.)

Hinsichtlich der angeschobenen Handlung werden die Schülerinnen und Schüler zu einem zunächst wenig umstrittenen Ergebnis gelangen: Für die nachfolgenden Szenen ist zu erwarten, dass die hier begonnene Arbeit an dem Gemälde »Abend über Potsdam« in Einzelsitzungen fortgesetzt wird. Doch ist der Befund komplexer: Durch die Tatsache, dass Lotte Lasersteins Gemälde »Abend über Potsdam« ebenso historisch verortbar wie real existent ist (und den Theaterbesuchern und Lesern vertraut ist), verschiebt sich der Blick auf das Geschehen: Nicht mehr das Was der Handlung steht demnach im Mittelpunkt des Interesses, sondern das Wie. Das Autorenpaar Hübner/Nemitz schärft demnach die Aufmerksamkeit der Rezipienten für das ›Bild im Bild‹: Die bekannte Momentaufnahme Lasersteins zeigt malerisch den Beginn einer uns ebenso bekannten Krise – der Fokus der Betrachtung wird daher gelenkt auf das, was die Krise mit und aus den Menschen macht: Wie sich Müdigkeit, Angst, Enttäuschung und Leere in Vereinsamung und Kommunikationslosigkeit verwandeln, wie sich die hier dargestellte Apathie zur Agonie verdichtet. In diesem Zusammenhang könnte Schülerinnen und Schülern die Beobachtung gelingen, dass die Expositionsszene mehrfach und mit unterschiedlichen Mitteln auf den Charakter des ›Bildes im Bild‹, also: des ›Spieles im Spiel‹ verweist und damit dessen fiktionalen Charakter betont: Ausdrücklich spricht Ernst Rose in jenem Moment, in welchem Lotte die Anwesenden für das Bild ordnet, von einem »Bühnenarrangement« (15,21), am Ende der Szene erscheint das fortan entstehende Bild als Projektion auf dem »2 mal 1 Meter große[n] weiße[n] Holzbrett« (9,5 f.), das die Regieanweisung zu Beginn der Szene einfordert.

2.4 Erweiterung: Standbild-Bau (fakultativ)

GA / UG

VORLAGE 2
➤ S. 19

Unterrichtsschritt mit Erläuterungen. Die Methode des ›Standbild-Bauens‹ fordert die Lerngruppe auf, das bis zu diesem Zeitpunkt Beobachtete bzw. Erarbeitete in einen zugleich handlungsorientierten wie prüfend-reflektierenden Prozess zu überführen. Indem die Schülerinnen und Schüler das Gemälde Lotte Lasersteins in einem ersten Schritt nachstellen, in einem zweiten Schritt aber jenseits der reinen Reproduktion den Versuch unternehmen, die Beziehungen der Figuren, soweit sie zu diesem frühen Zeitpunkt erkennbar sind, mit in die Gestaltung einzubeziehen, verbildlichen sie ihr Verständnis der Figuren bzw. deren Beziehung zueinander. Gleichzeitig stellen sie der gesamten Lerngruppe ihre Deutung der Figuren bzw. der Figurenkonstellation zur Diskussion. Die Lehrkraft sollte im Vorfeld die Methode des ›Standbild-Bauens‹ erläutern:

- Gruppenfindung, Zuweisung der Funktionen bzw. Rollen: Regisseur, Bildpersonal, Fotograf.
- Der Regisseur erbaut das Standbild, indem er die Anordnung der Figuren zueinander vorgibt.
- Der Regisseur erbaut das Standbild, indem er die Gestik und die Mimik der Figuren vorgibt.
- Die Mitspieler verhalten sich dabei passiv.
- Während des Erbauens des Standbildes wird nicht gesprochen bzw. nicht kommuniziert.
- Ist das Standbild erbaut, erstarren die Figuren, das Foto wird gemacht.
- Der Regisseur erläutert bzw. begründet abschließend das von ihm gebaute Standbild.

Es ist der Lehrkraft überlassen, inwieweit sie eine Aufweichung dieses üblichen Vorgehens zulassen will. Erfahrungsgemäß werden Lerneffekt und Erkenntnisgewinn durch die Beteiligung der gesamten Gruppe positiv verstärkt. Das gemeinsame Erstellen des Standbildes, das gemeinsame Prüfen und Verwerfen von Alternativen liefert für die abschließende Diskussion in der Regel eine Vielzahl profunder Begründungen für die gewählte Darstellung.

Die Lerngruppe wird nach Möglichkeit in Gruppen zu jeweils sieben Personen eingeteilt (ein Regisseur, ein Fotograf, die fünf Figuren des Bildes). Eine räumliche Trennung der einzelnen Gruppen ist zu empfehlen, um die angestrebte Heterogenität der Ergebnisse zu gewährleisten. Die Ergebnisse des ›Standbild-Bauens‹ sollten mit Handy-Kameras gesichert werden. In gut ausgestatteten, digitalisierten Klassenzimmern können die Ergebnisse unmittelbar nach der Gruppenarbeit auf Digiboard und Notebooks gesammelt werden. In einem offenen Unterrichtsgespräch werden abschließend die Standbilder hinterfragt und durch die jeweilige Gruppe begründet.

Mögliche Lösungsvorschläge zeigt die VORLAGE 2 ***Standbilder zu Lotte Lasersteins »Abend über Potsdam«***. Die gezeigten Standbilder unternehmen den Versuch, zunächst das Gemälde Lasersteins nachzustellen, in der mittleren Zeile die das Arrangement prüfende Lotte Laserstein mit ins Bild zu nehmen, in der unteren Zeile die Beziehungen der Figuren zueinander zu verbildlichen (die emotionale Nähe des Ehepaares Rose, die wechselseitige Abneigung der beiden männlichen Figuren, das Interesse Bodo Imhoffs an Maria Goldmann, vgl. hierzu 28,12–17). (Bilder: Schülerarbeiten des Wahlfachs Literatur und Theater 12ab, Kolping-Bildungszentrum Heilbronn, Sozialwissenschaftliches Gymnasium, Schuljahr 2022/2023, Verlagsarchiv; der Dank für Gestaltung und fotografische Dokumentation gilt den Schülerinnen und Schülern.)

Hausaufgabe

Lektüre der Szenen 2–5 (*Abend über Potsdam*, S. 18–40).

VORLAGE 2

Standbilder zu Lotte Lasersteins »Abend über Potsdam«

ARBEITSBLATT 2

Einführung des Personals in die Handlung

Figur	Erste Hinweise zum Äußeren / zur Sprache / zum Charakter	Figur auf dem Gemälde
Lotte Laserstein		
Traute Rose		
Ernst Rose		
Bodo Imhoff		
Lise Henkel		
Maria Goldmann		

Arbeitsaufträge:

1. Lesen Sie die für Ihre Figur relevanten Textpassagen der Exposition.
2. Sammeln Sie Hinweise zu Aussehen, Sprache und Charakter der Ihnen zugewiesenen Figur.
3. Notieren Sie in der rechten Spalte, welche der Personen auf dem Gemälde ihrer Figur zugewiesen ist. Welche Kongruenzen können Sie zwischen der Figur des Dramas und deren Darstellung im Gemälde erkennen?

2024 Reclam Verlag / Holger Bäuerle

3 »Als ob was brodelt.«
Lebenswelten der Weimarer Republik kennenlernen

Sachanalyse

Es gehört zu den befremdenden und befremdlichen Ritualen deutscher Diskussionskultur, die Weimarer Republik nur von Ihrem Ende her zu denken. ›Weimarer Verhältnisse‹ herrschen immer dann, wenn extremistische Ränder des Parteienspektrums erstarken, wenn wirtschaftliche Krisen sich verschärfen, wenn gesellschaftlicher Zusammenhalt verloren geht oder ein auf Ausgleich zielender Diskurs nicht mehr möglich scheint. Ebenso unweigerlich wie stereotyp wird dann das ›abschreckende Beispiel‹ der Weimarer Republik herbeizitiert und verwiesen auf übersteigerten Nationalismus, auf die zunehmende Radikalisierung weiter Teile der Gesellschaft, auf die Verrohung der politischen Auseinandersetzung, die, als ›Inkubationszeit des Faschismus‹ verstanden, letztlich das Scheitern der Demokratie ankündet.[1] Die Gleichsetzung von Weimar und Krise verstellt jedoch den Blick auf die eigentliche Leistung der ersten deutschen Demokratie: »Obwohl sich Weimar mit einer Vielzahl von Krisen konfrontiert sah, gelang es der jungen Republik [...], eine demokratische Öffentlichkeit herzustellen, an der sich alle gesellschaftliche Gruppen beteiligten. Und in Weimar blühte eine Kulturlandschaft, zu der nicht nur die bürgerliche Bildungsschicht Zutritt hatte. Das war neu: Literatur, Theater, Kunst und Musik öffneten sich für ein breites Massenpublikum; die traditionelle bürgerliche Elitenkultur wandelte sich zur Gebrauchs- und Populärkultur, die sich neuer Techniken und neuer Massenmedien wie Film und Fotografie bediente, um ein breites Publikum zu erreichen.«[2]

Das Stichwort vom »Laboratorium der Vielseitigkeit« notiert Walter Benjamin 1930 bei der Vorbereitung eines Radio-Essays über Bert Brecht. Er kreiert damit eine der gleichermaßen hellsichtigsten wie wirkungsmächtigsten Formeln für die Weimarer Republik, deren entscheidende Signa im Rückblick wohl ihr pluralistischer Charakter und ihre enorme Vielfalt kultureller und künstlerischer Ausdrucksformen sind. »Insgesamt entfaltete sich in den Zwanzigern eine geradezu atemberaubende kulturelle Dynamik. Befeuert hat diesen Schub der technische Fortschritt, aber vollständig zu erklären ist er nur durch das Zusammenspiel einer sich längerfristig anbahnenden kulturellen Moderne mit dem demokratischen Experiment der ersten deutschen Republik.«[3] Kulturell erblüht die Republik auf eine zuvor nie dagewesene Art und Weise. Weite Teile der intellektuellen Eliten erkennen das demokratische System als den entscheidenden Nährboden für Innovation und künstlerische Avantgarde. Zu keinem anderen Zeitpunkt der Kunst- und Kulturgeschichte existieren gleichzeitig so viele Stile und Epochen unmittelbar nebeneinander wie in den fünfzehn Jahren der ersten deutschen Demokratie – die bis heute als Zeitalter der ›Klassischen Moderne‹ nachwirken: Expressionismus, Dadaismus, Kubismus, Neue Sachlichkeit, Bauhaus, Futurismus etc. Dichterinnen und Dichter wie Brecht, Döblin, Fallada, Kästner, Keun, Kisch, Polgar, Roth, Tergit oder Tucholsky handeln und schaffen als überzeugte Demokratinnen und Demokraten – und verteidigen die Freiheit der Kunst gegen die konservativen und reaktionären Tendenzen der alten Eliten. Ihre Werke werden im Mai 1933 Opfer der Bücherverbrennungen der Nationalsozialisten.

Das Bild des ›Tanzes auf dem Vulkan‹, mit dem der strahlende Glanz und die eruptiv brodelnde Gefährdung der Weimarer Republik nicht selten beschrieben wird, scheint aus heutiger, historischer Sicht eher eine rückschauende Deutung, »die Weimar von 1933 aus interpretier[t], vom tatsächlichen Vulkanausbruch her. [...] Zu keinem Zeitpunkt, auch in den letzten Jahren nicht, war sie [die Weimarer Republik] ohne Zukunft. [...] Keineswegs sei sie von Beginn an ›todgeweiht‹ gewesen. Selbst nach 1930 verschwanden die demokratischen Spielräume nicht gänzlich.«[4] Das Drama *Abend über Potsdam* endet in diesem historischen Moment: Mit der fünften Reichstagswahl vom 14. September 1930 und dem erdrutschartigen Wahlsieg der NSDAP erscheint die Katastrophe der braunen Diktatur wetterleuchtend am Horizont. Aber: »[I]n Thüringen werden sich die Nazis in der Regierung so blamieren, dass sie entzaubert sind, und dann hat es ein Ende mit dieser Schreckensstille« (35,19 ff.), mutmaßt Lotte Laserstein in der vierten Szene. Noch ist der Verlauf der Geschichte nicht unabwendbar entschieden.

1 Diese Sachanalyse folgt in der Darstellung im Wesentlichen Sabina Becker, »Zu neuen Ufern«, in: *ZEIT Geschichte. Epochen, Menschen, Ideen* (2020) Nr. 1, S. 16–19.
2 Ebd., S. 17.
3 Ebd., S. 18.
4 Ebd., S. 19.

Unterrichtsverlauf

Überblick. Die Schülerinnen und Schüler erarbeiten sich kulturelle, wirtschaftliche und politische Rahmenbedingungen, in die das Drama eingebettet ist. Ziel der Unterrichtsstunde ist es, die komplexe Lebenswelt der späten 1920er Jahre, insofern sie für das Drama relevant ist, zumindest in Ausschnitten zu verdeutlichen. Die erste deutsche Demokratie soll der Lerngruppe dabei nicht als krisengeschütteltes Intermezzo zwischen zwei Weltkriegen gezeigt werden, sondern als eine Zeit politischen Auf- und Umbruchs, als kulturelle Blütezeit, als »Laboratorium der Moderne« (Walter Benjamin), das bis in die Gegenwart nachwirkt. Dazu erhält und recherchiert die Lerngruppe eine thematisch geordnete Materialsammlung, die unterschiedliche Zugänge zu *Abend über Potsdam* bietet.

Phase	Thema	Sozialform	Kompetenzen/Lernziele	Materialien
Voraussetzungen: Kenntnis des Dramas bis Szene 5 (S. 40)				
3.1	Einstieg: George Grosz, »Die Stützen der Gesellschaft« (1926)	PA / UG	• Gefährdungen der Weimarer Republik reflektieren	ARBEITSBLATT 3a ➤ S. 26
3.2	Erarbeitung/Sicherung: Lebenswelten der Weimarer Republik	GA / UG	• Mittels Text- und Bildimpulsen Lebenswelten der Weimarer Republik erschließen	ARBEITSBLATT 3b ➤ S. 27 f. ARBEITSBLATT 3c ➤ S. 29 ARBEITSBLATT 3d ➤ S. 30 ARBEITSBLATT 3e ➤ S. 31
HA	Lektüre der Szene 6			*Abend über Potsdam*, S. 41–55

3.1 Einstieg: George Grosz, »Die Stützen der Gesellschaft« (1926)

PA / UG
ARBEITSBLATT 3a
➤ S. 26
Internetzugang

Unterrichtsschritt. Den Einstieg in die Unterrichtseinheit bildet die Betrachtung von George Grosz' Hauptwerk »Stützen der Gesellschaft« aus dem Jahr 1926. Dazu erhalten die Schülerinnen und Schüler das ARBEITSBLATT 3a ***George Grosz: »Stützen der Gesellschaft« (1926)*** und einen Vorlauf von wenigen Minuten, um sich dem Gemälde in Partnerarbeit inhaltlich anzunähern. Im anschließenden Unterrichtsgespräch werden die Ergebnisse gesammelt und eventuell an der Tafel skizziert. Der gesamte Unterrichtsschritt sollte nicht mehr als 20 Minuten Zeit in Anspruch nehmen.

Erläuterungen. Vier seiner aus öffentlichem Besitz beschlagnahmten Gemälde zeigen die Nationalsozialisten 1937 in der Schmähschau »Entartete Kunst«: George Grosz, dessen malerisches Werk zwischen bitterer Ironie, lustvoller Aggression und desillusionierendem Zynismus changiert, zählt zu den herausragenden Künstlern der späten Weimarer Republik. »Klarheit, die wehtut«, fordert er von seiner Kunst und hält alten und neuen bürgerlichen Eliten einen entlarvenden Zerrspiegel vor. Konsequent wird er dafür von den reaktionären Kräften aus Wirtschaft, Militär und entstehendem Faschismus angefeindet. Mehrfach muss Grosz sich bereits vor der Machtergreifung Adolf Hitlers vor Gericht verantworten: wegen Beleidigung der Reichswehr, wegen Verbreitung unzüchtiger Abbildungen, wegen gotteslästerlicher Motivik. Auf seinem Hauptwerk »Die Stützen der Gesellschaft« (dessen Titel er dem gleichnamigen Drama Henrik Ibsens von 1877 entlehnt) errichtet Grosz einen Figurenturm reaktionärer Demokratiefeindlichkeit, kaisertreuer Kriegstreiberei und kapitalistischer Partikularinteressen. Die hier abgebildeten »Stützen der Gesellschaft« arbeiten alle gemeinsam und mit aller Macht am Untergang der demokratischen Gesellschaft, mit Gottes Segen klebt Blut an ihren Säbeln, an ihrer Feder, an ihren Druckerzeugnissen – das Haus der Republik ist in Brand gesteckt.

Der Inhalt seines Kopfes weist die Figur im Vordergrund als alten Paragraphenreiter, also als gelernten Juristen aus. Der Schmiss auf der Wange, der Säbel, der Bierkrug belegen seine Vergangenheit in einer schlagenden studentischen Verbindung, das Hakenkreuz auf der blauen Krawatte seinen Glauben an eine faschistische Zukunft – er ist Mitglied der NSDAP. Ohren, um zuzuhören, hat er keine. Links »[h]inter dem Advokaten steht ein Vertreter der Presse, der dem rechtsgerichteten Verleger Alfred Hugenberg ähnelt. Hugenberg, dem die *Deutsche Zeitung* und der *Berliner Lokal-Anzeiger* gehören, ist Mitbegründer der Deutschnationalen Volkspartei (DNVP), die 1924 zweitstärkste Partei wird. Sein Bleistift ist spitz, an der Feder klebt Blut. Auf seinem Kopf befindet sich ein umgestülpter Nachttopf. Dieser steht für den ›Stahlhelm‹, den ›Bund der Frontsoldaten‹« (Dieter Scholz, »Wer sind die *Stützen der Gesellschaft?*«, in: *Die Kunst der Gesellschaft 1900–1945. Sammlung der [Neuen] Nationalgalerie*, für die Nationalgalerie der Staatlichen Museen zu Berlin, hrsg. von Dieter Scholz [u. a.], Berlin 2021, S. 130 f.). Rechts neben der Figur findet sich ein feister Parlamentarier, dem, der drastischen Redewendung folgend, buchstäblich ›ins Hirn geschissen‹ ist. »Er trägt ein Fähnchen, das zunächst harmlos wirkt. Doch erweist es sich als politisches Bekenntnis im Weimarer Flaggenstreit. Im Jahr der Entstehung des Bildes 1926 erlaubt der im Vorjahr neu gewählte Reichspräsident Paul von Hindenburg deutschen Vertretungen in europäischen und überseeischen Handelshäfen, neben der republikanischen Flagge (in den Farben Schwarz-Rot-Gold) auch wieder die Flagge des alten Kaiserreichs (Schwarz-Weiß-Rot) zu hissen« (ebd., S. 131). Das Fähnchen vor der Brust bekräftigt demnach die Treue des (demokratisch gewählten!) Abgeordneten zum verloren gegangenen Kaiserreich. Der Priester im Talar predigt einer jenseits des Fensterrahmens brennenden Stadt und deckt gleichzeitig mit seiner mächtigen Gestalt monarchistische Soldaten, die sich in seinem Rücken zu neuerlichen Mordtaten rüsten. Auf einer früheren Zeichnung in Grosz' Mappe *Das Gesicht der herrschenden Klasse. 57 politische Zeichnungen* (1921) spricht eine identisch gestaltete Figur auf ebenso heuchlerische Weise über die Köpfe des im Kirchenraum versammelten Volkes hinweg: »Kommt zu mir, die ihr mühselig und beladen seid« (Matthäus 11,28).

3.2 Erarbeitung/Sicherung: Lebenswelten der Weimarer Republik

Unterrichtsschritt. Die Schülerinnen und Schüler werden in vier Gruppen zu je 5–6 Personen geteilt. Jede der Gruppen erhält eines der Arbeitsblätter ARBEITSBLATT 3b bis ARBEITSBLATT 3e zur Bearbeitung. Die Gruppen erhalten maximal 30 Minuten Zeit, sich mit einem der Themen Großstadt (ARBEITSBLATT 3b), Neue Frau der 1920er Jahre (ARBEITSBLATT 3c), soziale Ungleichheiten der Weimarer Republik (ARBEITSBLATT 3d) bzw. Aufstieg Adolf Hitlers und der NSDAP (ARBEITSBLATT 3e) zu beschäftigen. Jede Gruppe präsentiert im Anschluss 5–10 Minuten ihre Ergebnisse. Ziel der Unterrichtseinheit ist es, die Schülerinnen und Schüler für Lebenswelten der Weimarer Republik, insofern sie für das Drama *Abend über Potsdam* bedeutsam sind, zu sensibilisieren.

GA / UG

ARBEITSBLATT 3b
➤ S. 27 f.
ARBEITSBLATT 3c
➤ S. 29
ARBEITSBLATT 3d
➤ S. 30
ARBEITSBLATT 3e
➤ S. 31
Internetzugang

Erläuterungen. *Zu* ARBEITSBLATT 3b ***Weimarer Lebenswelten: Die Sinfonie der Großstadt***: Kästners Roman *Fabian. Die Geschichte eines Moralisten* (1931) beginnt mit der in den 1920er Jahren als ein Signum der ästhetischen Moderne verstandenen und deswegen häufig anzutreffenden Technik der literarischen Montage (wie sie beispielsweise auch in Döblins *Berlin Alexanderplatz* begegnet). Sie dient dazu, mittels disparater Textversatzstücke, auch: mittels disparater sprachlicher und stilistischer Ebenen eine zunehmend als disparat empfundene Wirklichkeit sprachlich zu gestalten. Der Vielzahl an (nur scheinbar) wahllos aneinandergereihten (also: montierten) Katastrophenmeldungen begegnet der die Schlagzeilen der Abendblätter studierende Protagonist Fabian ganz im Stil der Neuen Sachlichkeit ebenso kühl wie distanziert: »Das tägliche Pensum. Nichts Besonderes« (Erich Kästner, *Fabian. Die Geschichte eines Moralisten*, München 2011, S. 11). Schauplatz der einsetzenden Handlung ist eines der zahllosen Berliner Kaffeehäuser, die für das intellektuelle Leben der 1920er Jahre in ihrer Bedeutung nicht zu unterschätzen sind. Von dem Verleger Bruno Cassirer ist der Satz überliefert, dass man »[o]hne Kaffeehaus [...] überhaupt keine Literatur machen« könne (zit. nach Jürgen Schebera, *Vom Josty ins Romanische Café. Streifzüge durch Berliner Künstlerlokale der Goldenen Zwanziger*, Berlin 2020, S. 9). Von hier aufbrechend, durchstreift Fabian, zunächst orientierungs- und scheinbar ziellos, jene Großstadt Berlin, die er einem »Rummelplatz« (*Fabian*, S. 13) vergleicht, und filtert flanierend jene Charakteristika der Metropole, mit denen die Hauptstadt der Republik bis heute verbunden wird und die die Schülerinnen und Schüler erkennen könnten:

- die Beschleunigung, die Modernisierung, Technisierung und Elektrifizierung (Aeroplan, Autobus, Straßenbahn, elektrische Beleuchtung oder Werbung), mit welcher Fabian am Ende der Textpassage in Konflikt gerät;
- die der Hauptstadt nachgesagte ungeheure Vergnügungssucht (Yvan Goll nennt seinen 1929 erschienenen Roman nicht zufällig *Sodom und Berlin*), die sich in der Textpassage darin äußert, dass Fabian dem ebenso offenen wie offensiven Anerbieten einer jungen Prostituierten zwar abschlägig begegnet, womöglich aber nur aus dem

Grund, weil er sich ohnehin auf dem Weg in ein einschlägiges Etablissement befindet. Auch die aus dem Flugzeug fallenden »Aluminiumtaler« bewerben eine Exotikbar, die unzweideutig mit »[s]chöne[n] Frauen« bzw. »Nacktplastiken« wirbt und als Standortvorteil eine »Pension Condor im gleichen Hause« bietet (ebd.);
- die Erfahrung des Gewirres und Gewimmels der Großstadt, das hier mit der »fiebrig entzündeten Nacht« (ebd.) einhergeht und weiter die damit verbundene, zutiefst moderne Erkenntnis, dass Einsamkeit, Alleinsein, Verlassensein dort am besten gelingt, wo man von einer Vielzahl von Menschen umgeben ist: »Wie klein der Mann war« (ebd.).

Der Titel des Arbeitsblatts ist Walter Ruttmanns Film *Berlin – Die Sinfonie der Großstadt* entnommen. Informationen dazu und der Film selbst sind bei Wikipedia zu finden: de.wikipedia.org/wiki/Berlin_–_Die_Sinfonie_der_Großstadt (Stand: 11.4.2024). Ruttmann zeichnet im Jahr 1927 das Bild einer pulsierenden Metropole. Einen Tag lang führen die präzise komponierten Kamerafahrten Ruttmanns durch die deutsche Hauptstadt: Von der Peripherie kommend durch die Arbeiterviertel, die Wohnkasernen und die leeren Straßen des Morgens, über den Kurfürstendamm hinein ins historische Zentrum und weiter in die Einkaufs- und Vergnügungsviertel des alten Westens, in das berüchtigte Nachtleben, das mit nicht weniger als Sensation, Ekstase und Exzess wirbt. Bei der Reichsgründung 1871 ist die Einwohnerzahl Berlins mit ca. 800 000 noch beinahe beschaulich, im Jahr 1920 hat sie sich mit nunmehr 3,9 Millionen Einwohnern nahezu verfünffacht. Bereits zu Beginn des Jahrhunderts hatten die Expressionisten die Großstadt zum Topos der avantgardistischen Moderne erhoben: Mit ihrer Vielfalt von Lebenskonzepten und Lebensstilen, mit ihren Vergnügungen in Clubs und Varietés, Tanzpalästen und Amüsiertempeln, aber auch mit ihren spezifischen Problemen der Massenverarmung, der Prostitution, der Vereinsamung und Orientierungslosigkeit ist das Berlin der 1920er Jahre Künstlerinnen und Künstlern nun gleichermaßen beflügelnd kreatives wie alarmierend unübersichtliches »Irrenhaus« (so Erich Kästner in *Fabian*) – ein Ort, der nicht zuletzt auch die peripheren Themen der Moderne: Beschleunigung, Rationalisierung, Technisierung und Mechanisierung amalgamiert.

Zu ARBEITSBLATT 3c ***Weimarer Lebenswelten: Die Neue Frau**:* Auch wenn die gesellschaftliche Realität eine andere war, steht sie nahezu ikonographisch für den Sprung in eine neue Zeit, für die Urbanität und die Modernität der Weimarer Republik: Die Neue Frau. Es sind die ›Goldenen Zwanziger Jahre‹, die das Frauenbild radikal verändern, die bis dahin bestehende Geschlechterrollen hinterfragen, aufbrechen, neu definieren. Mit dem Beginn der Weimarer Republik sind die alten Zöpfe buchstäblich ab: Die Neue Frau trägt Bubikopf, ist modern und modisch, selbstbewusst und selbstsicher, berufstätig und lebensbejahend. Von knabenhafter Gestalt, nicht selten in Frack und Zylinder im androgynen Spiel dem Mann auch modisch Paroli bietend, dann wieder sehr weiblich, morgens sportliches Girl, abends verruchter Vamp, tief dekolletiert, dramatisch geschminkt, Zigarette im Mundwinkel – so präsentiert sich in den Metropolen Deutschlands eine neue Generation junger Frauen. Die Einführung des aktiven und passiven Frauenwahlrechts und der Zugang zu bisher ausschließlich Männern vorbehaltenen Tätigkeiten, gelockerte Moralvorstellungen und ein neues weibliches Selbstverständnis – die Veränderungen weiblicher Lebensumstände sind so tiefgreifend, dass der Begriff der Neuen Frau zur Signatur der Epoche werden konnte. Verkäuferinnen, Telefonistinnen und Stenotypistinnen kleiden sich in Coco Chanels 1926 erstmals kreiertes ›Kleines Schwarzes‹ und träumen wie Irmgard Keuns »kunstseidenes Mädchen« – oder Lise Henkel – davon, »ein Glanz [zu] werden, der oben ist. Mit weißem Auto und Badewasser, das nach Parfüm riecht, und alles wie Paris« (Irmgard Keun, *Das kunstseidene Mädchen,* Berlin [12]2013, S. 45). Schafft man es nicht aus eigener Kraft, geht man Verhältnisse mit solventen älteren Herren ein, um sich, wie auf dem Gemälde »Logenlogik« (1929) der Künstlerin Dodo in den Theaterlogen katzengleich gelangweilt, pelz- und perlenkettengeschmückt zu präsentieren. Mit der ›Kraft von Revolvern‹ pulsiert das Leben in den Berliner Clubs, in den Varietés, in den Künstler- und Nachtcafés, und Frauen spielen in dieser Welt ihre besondere Rolle: Die von Otto Dix porträtierte Anita Berber tanzt Nacht für Nacht nackt im Club »Die weiße Maus«, Lilian Harvey spielt und liebt sich mit Willy Fritsch durch unzählige Ufa-Filme, Marlene Dietrich besingt den Rhythmus des neuen Frauenlebens als Lola Lola in Sternbergs *Blauem Engel*, in Strapsen von ihrem Bühnenhocker verkündend, sie sei »von Kopf bis Fuß auf Liebe eingestellt«.

Zu ARBEITSBLATT 3d ***Weimarer Lebenswelten: Ganz oben – ganz unten**:* Hyperinflation und Weltwirtschaftskrise, Verelendung und Massenarbeitslosigkeit – die Weimarer Republik ist nicht zuletzt geprägt von wirtschaftlichen Krisen und den damit einhergehenden Verwerfungen großer sozialer Ungleichheit. Im Jahr 1929, in welchem die Handlung von *Abend über Potsdam* einsetzt, stürzen nicht nur das Bruttosozialprodukt und die Industrieproduktion, sondern auch der Privatkonsum um beinahe 40 % in die Tiefe. Für die Besitzlosen sind die Zwanziger Jahre eine Zeit furchtbaren Elends. Für die Besitzenden sind es die ›Goldenen Zwanziger‹, die bis heute nicht an Strahlkraft verloren haben. »Denn die einen sind im Dunkeln / Und die andern sind im Licht. / Und man siehet die im Lichte / Die im Dunkeln sieht man nicht«, heißt es in Bert Brechts für die Verfilmung bearbeiteter *Dreigroschenoper* (1928). Auch in dem durchaus privilegierten Freundeskreis, der den Schülerinnen und Schülern in *Abend über Potsdam* entgegentritt, sind diese Verwerfungen erkennbar: Bodo Imhoff behauptet von sich, er müsse seine Feder verkaufen, um leben zu können (»ich kann mit meinen Idealen leider nicht die Wohnung heizen«, 38,15 f.), die polnische Jüdin Maria Goldmann rutscht in die Prostitution ab und wird zur Diebin (62,27–30).

Zu ARBEITSBLATT 3b ***Weimarer Lebenswelten: Die Sinfonie der Großstadt*:** »Von draußen hört man […] Jubelschreie, es wird gesungen, das Horst-Wessel-Lied, Ernst geht wortlos zum Radio, wo die Ergebnisse der Reichstagswahl bekanntgegeben werden« (77,2–5). Das Drama *Abend über Potsdam* endet mit der Wahl zum fünften Reichstag am 14. September 1930. An diesem Abend wird die NSDAP mit 107 Mandaten zur zweitstärksten Partei im Parlament. Noch bei der vorangegangenen, vierten Reichstagswahl im Mai 1928 war die NSDAP mit 12 errungenen Mandaten eine Splitterpartei am rechten Rand des politischen Spektrums. Mit dem Anstieg der Arbeitslosigkeit infolge der Weltwirtschaftskrise, der zunehmenden Unsicherheit und Unzufriedenheit in weiten Teilen der Bevölkerung, dem Irrglauben an die ebenso simple wie populistische ›Führer‹-Lösung beginnt der Aufstieg Adolf Hitlers und der NSDAP. Der Nährboden für den deutschen Faschismus reicht jedoch weiter zurück. Die Abkehr der bürgerlichen, wirtschaftlichen und militärischen Eliten von der Weimarer Verfassung und der Idee der Demokratie hatte längst die Radikalisierung der Gesellschaft beschleunigt und die Republik destabilisiert: Reichskanzler Brüning und sein Kabinett regieren nach dem September 1930 am Parlament vorbei auf der Grundlage des Notverordnungsartikels 48 – und befördern damit die Agonie der Republik. Mit der Machtergreifung Hitlers am 30. Januar 1933 scheitert die erste deutsche Demokratie. Die Bilder sollen der Lerngruppe den Aufstieg des Nationalsozialismus, die Vereinnahmung der Gesellschaft, insbesondere auch der Jugend, durch den Nationalsozialismus und die früh einsetzenden Pogrome gegen den jüdischen Teil der deutschen Bevölkerung skizzieren.

Hausaufgabe

Lektüre der Szene 6 (*Abend über Potsdam*, S. 41–55).

George Grosz: »Stützen der Gesellschaft« (1926)

George Grosz: »Stützen der Gesellschaft«, Öl auf Leinwand, 200 × 108 cm, 1926. Nationalgalerie, Staatliche Museen zu Berlin. – bpk / Nationalgalerie, SMB / Jörg P. Anders – © Estate of George Grosz, Princeton, N.J. / VG Bild-Kunst, Bonn 2024

Arbeitsaufträge:

1. Erstellen Sie in Partnerarbeit eine stichwortartige Bildbeschreibung. Berücksichtigen Sie dabei den Bildtitel und klären Sie, wen bzw. was George Grosz auf welche Weise kritisiert.
2. Recherchieren Sie abschließend online Interpretationsmöglichkeiten für das Gemälde, um Ihre Ergebnisse zu verifizieren bzw. zu präzisieren.

2024 Reclam Verlag / Holger Bäuerle

Weimarer Lebenswelten: Die Sinfonie der Großstadt

»[E]s ist eine seltsame Stimmung in der Stadt. Als ob was brodelt.« (75,20 f.)

»Fabian saß in einem Café namens Spalteholz und las die Schlagzeilen der Abendblätter: Englisches Luftschiff explodiert über Beauvais, Strychnin lagert neben Linsen, Neunjähriges Mädchen aus dem Fenster gesprungen, Abermals erfolglose Ministerpräsidentenwahl, Der Mord im Lainzer Tiergarten, Skandal im Städtischen Beschaffungsamt, Die künstliche Stimme in der Westentasche, Ruhrkohlenabsatz läßt nach, Die Geschenke für Reichsbahndirektor Neumann, Elefanten auf dem Bürgersteig, Nervosität an den Kaffeemärkten, Skandal um Clara Bow, Bevorstehender Streik von 140.000 Metallarbeitern, Verbrecherdrama in Chikago, Verhandlungen in Moskau über das Holzdumping, Starhembergjäger rebellieren. Das tägliche Pensum. Nichts Besonderes.

Er nahm einen Schluck Kaffee und fuhr zusammen. Das Zeug schmeckte nach Zucker. Seitdem er, zehn Jahre war das her, in der Mensa am Oranienburger Tor dreimal wöchentlich Nudeln mit Sacharin hinuntergewürgt hatte, verabscheute er Süßes. Er zündete sich eilig eine Zigarette an und rief den Kellner. […] ›Bitte zahlen!‹ […] Fabian legte eine Mark auf den Tisch und ging. Er hatte keine Ahnung, wo er sich befand. Wenn man am Wittenbergplatz auf den Autobus 1 klettert, an der Potsdamer Brücke in eine Straßenbahn umsteigt, ohne deren Nummer zu lesen, und zwanzig Minuten später den Wagen verläßt, weil plötzlich eine Frau drinsitzt, die Friedrich dem Großen ähnelt, kann man wirklich nicht wissen, wo man ist.

Er folgte drei hastig marschierenden Arbeitern und geriet, über Holzbohlen stolpernd, an Bauzäunen und grauen Stundenhotels entlang, zum Bahnhof Jannowitzbrücke. Im Zug holte er die Adresse heraus, die ihm Bertuch, der Bürochef, aufgeschrieben hatte: Schlüterstraße 23, Frau Sommer. Er fuhr bis zum Zoo. Auf der Joachimsthaler Straße fragte ihn ein dünnbeiniges, wippendes Fräulein, wie er drüber dächte. Er beschied das Anerbieten abschlägig, drohte mit dem Finger und entkam.

Die Stadt glich einem Rummelplatz. Die Häuserfronten waren mit buntem Licht beschmiert, und die Sterne am Himmel konnten sich schämen. Ein Flugzeug knatterte über die Dächer. Plötzlich regnete es Aluminiumtaler. Die Passanten blickten hoch, lachten und bückten sich. Fabian dachte flüchtig an jenes Märchen, in dem ein kleines Mädchen sein Hemd hochhebt, um das Kleingeld aufzufangen, das vom Himmel fällt. Dann holte er von der steifen Krempe eines fremden Hutes einen der Taler herunter. ›Besucht die Exotikbar, Nollendorfplatz 3, Schöne

Frauen, Nacktplastiken, Pension Condor im gleichen Hause‹, stand darauf. Fabian hatte mit einem Male die Vorstellung, er fliege dort oben im Aeroplan und sehe auf sich herunter, auf den jungen Mann in der Joachimsthaler Straße, im Gewimmel der Menge, im Lichtkreis der Laternen und Schaufenster, im Straßengewirr der fiebrig entzündeten Nacht. Wie klein der Mann war. Und mit dem war er identisch!

Er überquerte den Kurfürstendamm. An einem der Giebel rollte eine Leuchtfigur, ein Türkenjunge war es, mit den elektrischen Augäpfeln. Da stieß jemand heftig gegen Fabians Stiefelabsatz. Er drehte sich mißbilligend um. Es war die Straßenbahn gewesen. Der Schaffner fluchte.

›Passense auf!‹ schrie ein Polizist.

Fabian zog den Hut und sagte: ›Werde mir Mühe geben.‹«

Erich Kästner: Fabian. Die Geschichte eines Moralisten. Roman. München: dtv, 2011. S. 11 ff. [Auszug aus dem Beginn des Romans.]

Weitere Vorschläge für eine visuelle Annäherung an das Thema »Die Sinfonie der Großstadt«:
Walter Ruttmanns Film *Berlin – Die Sinfonie der Großstadt* (1927); Fritz Langs Film *Metropolis* (1927); Otto Umbehr: »Der rasende Reporter [d. i. Egon Erwin Kisch]« (1926); Heinz Lienek: »Blick vom U-Bahn-Eingang in die nächtliche Friedrichstraße / Ecke Jägerstraße« (1926); Oskar Nerlinger: »Funkturm und Hochbahn« (1929); George Grosz: »Großstadt« / »Metropolis«, Berlin (1917).

Arbeitsaufträge:

1. Der gewählte Textauszug bietet den Beginn von Kästners Romans *Fabian. Die Geschichte eines Moralisten* aus dem Jahr 1931. Geben Sie in Stichworten wieder, welches Bild der Großstadt Erich Kästner entwirft.
2. Prüfen Sie online weiter einige der vorgeschlagenen Bildquellen, um ihre Ergebnisse zu verifizieren.

2024 Reclam Verlag / Holger Bäuerle

ARBEITSBLATT 3c

Weimarer Lebenswelten: Die Neue Frau

»Ich war stolz auf dich. Auf dich und all die anderen schönen jungen Mädchen da draußen« (72,31 f.)

Links: Junge Frau beim Sprung über die Pfütze am Bahnhof Zoologischer Garten in Berlin. Foto: Friedrich Seidenstücker, 1930. – bpk / Friedrich Seidenstücker
Rechts: Traute Rose, um 1934. Foto: Lotte Laserstein. – © VG Bild-Kunst, Bonn 2024

Weitere Vorschläge für eine visuelle Annäherung an das Thema »Die Neue Frau«:
Tamara de Lempicka: »Autoporträt« (Tamara im grünen Bugatti), Titelseite für die Zeitschrift *Die Dame* (1929) H. 21; Dodo [d. i. Dörte Wolff]: »Der Held«, Titelseite für die Zeitschrift *ULK* 57 (1928) Nr. 43; Dodo: »Logenlogik«, für die Zeitschrift *ULK* (1929); Szenenfoto aus Josef von Sternbergs *Der blaue Engel* (1929/30), Marlene Dietrich als Lola Lola; Coco Chanel, Entwurf für das erste Kleine Schwarze, für die Zeitschrift *Vogue* (1926); Christian Schad: »Sonja« (1928).

Arbeitsaufträge:

1. Friedrich Seidenstückers Fotografie *Junge Frau beim Sprung über die Pfütze am Bahnhof Zoologischer Garten in Berlin* (1930) verbildlicht die veränderte Lebenswelt der Neuen Frau. Entwerfen Sie eine stichwortartige Bildbeschreibung, indem Sie den metaphorischen Sprung und das Erscheinungsbild der jungen Frau in den Mittelpunkt Ihrer Überlegungen rücken. Recherchieren Sie weiter zu den Rechten, die Frauen durch die Verfassung der ersten deutschen Demokratie eingeräumt werden, und der sich daraus ergebenden tiefgreifenden Veränderung weiblicher Selbstwahrnehmung.
2. Lotte Laserstein fotografiert um 1934 ihre Freundin und ihr Modell Traute Rose. Wie wird Traute Rose dargestellt?
3. Recherchieren Sie online die weiteren Vorschläge für eine visuelle Annäherung an das Thema ›Die Neue Frau‹. Wählen Sie eine der vorgeschlagenen Darstellungen und verbinden Sie diese mit einer der beiden oben abgebildeten Fotografien. Begründen Sie Ihre Auswahl.

2024 Reclam Verlag / Holger Bäuerle

Weimarer Lebenswelten: Ganz oben – ganz unten

»Ich habe mich beworben, […] riesige Villa, wie ein Schloss, die Mädchen standen Schlange« (27,12 ff.)

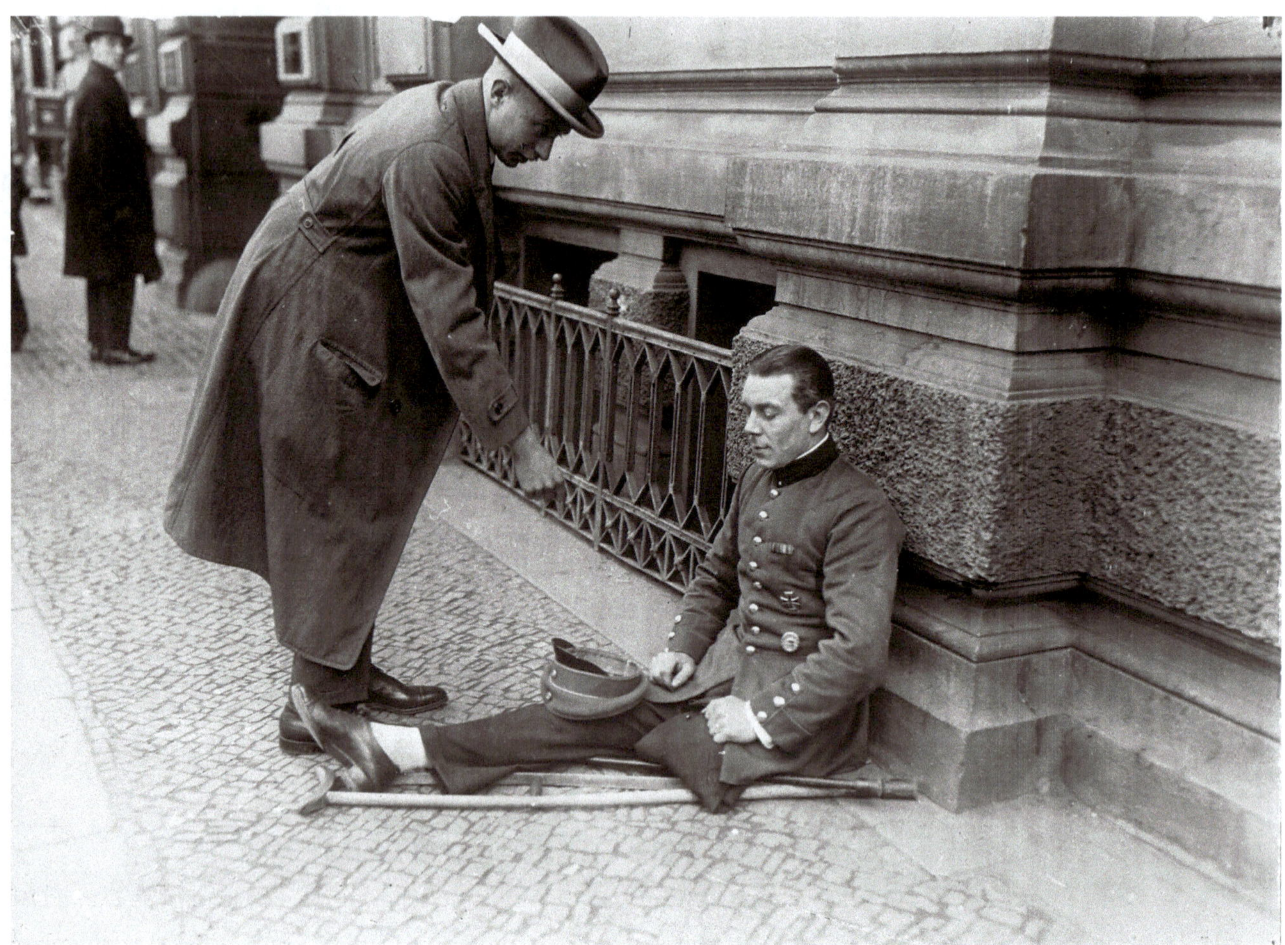

Bettelnder Kriegsversehrter, 1923. – Bundesarchiv, Bild 146-1972-062-01 / Foto: Georg Pahl

Weitere Vorschläge für eine visuelle Annäherung an das Thema »Ganz oben – ganz unten«:
Otto Dix: »Streichholzhändler« (1920); George Grosz: *Die Räuber* (1922, Mappe mit neun Lithografien)

Arbeitsaufträge:

1. Die Weimarer Republik ist geprägt von nahezu unüberwindbaren Gegensätzen. Von besonderer Bedeutung ist die sich zunehmend öffnende Schere zwischen Arm und Reich. Recherchieren Sie online zu den Wirtschaftskrisen der 1920er Jahre (Hyperinflation 1923 bzw. Weltwirtschaftskrise 1929) und deren Auswirkungen auf weite Teile der deutschen Bevölkerung.
2. Betrachten Sie die oben abgebildete Fotografie eines bettelnden Kriegsversehrten und vergleichen Sie diese mit dem »Streichholzhändler« des Künstlers Otto Dix von 1920. Zeigen Sie Gemeinsamkeiten und Unterschiede der Darstellungen. Das Bild finden Sie durch eine Online-Recherche. Hinweis: Von Otto Dix gibt es auch das Bild »Streichholzhändler II« von 1927, das hier nicht gemeint ist.

2024 Reclam Verlag / Holger Bäuerle

Weimarer Lebenswelten: Die Bedrohung der Republik

»Dabei reden wir über Totschläger, Rassefanatiker, Büttel der Großindustrie … über den Hass« (54,20 f.)

Oben links: Parade auf dem NSDAP-Reichsparteitag 1933 in Nürnberg. *Oben rechts:* Zwei Mitglieder der Hitlerjugend beim Verlegen von Feldtelefonkabeln als Wehrertüchtigung, 1933. – Bundesarchiv, Bild 133-032 / CC BY-SA 3.0 *Unten links:* Handschlag zwischen Reichskanzler Adolf Hitler und Reichspräsident Paul von Hindenburg am ›Tag von Potsdam‹, dem 21. März 1933. – Bundesarchiv, Bild 183-S38324 / CC BY-SA 3.0 *Unten rechts:* SA-Mitglied vor dem Warenhaus Tietz in Berlin, 1. April 1933. – U. S. National Archives at College Park

Weitere Vorschläge für eine visuelle Annäherung an das Thema:
John Heartfield: »Der Sinn des Hitlergrußes«, Titelseite für die *A-I-Z* (*Arbeiter-Illustrierte-Zeitung*) 11 (1932) Nr. 42; Pogrome gegen jüdische Geschäfte und jüdische Mitbürger.

Arbeitsaufträge:

1. Recherchieren Sie online den Aufstieg der NSDAP bis zu dem das Stück beschließenden Datum vom 14. September 1930.
2. Erstellen Sie zu einer der Fotografien eine knappe Bildbeschreibung. Klären Sie – wo möglich – dessen historischen Kontext, indem Sie die Verbindung zur Ideologie, zum Parteiprogramm, zur Propaganda der Nationalsozialisten aufzeigen.

2024 Reclam Verlag / Holger Bäuerle

4 »Es kommt auf die Bauspannung und die Atmosphäre an.« Aufbau und Struktur des Dramas untersuchen

Sachanalyse

Souverän verfügt das Autorenduo Hübner und Nemitz in *Abend über Potsdam* über Stoff und Form – mithin über die Biografie einer nicht-fiktiven Figur, aber auch über Theatertraditionen, theatralische Gestaltungsweisen, theatralische Darstellungsformen. Hübner und Nemitz sind dem Theater auf vielfache Weise verbunden, haben beide Schauspielausbildungen absolviert, standen als Schauspieler und Schauspielerin selbst auf der Bühne, arbeiten als Regisseur und Regisseurin, als Dramaturg und Dramaturgin und als freie Autoren für das Theater (in den letzten 20 Jahren entstanden nahezu 30 Theatertexte). Im Gespräch verweisen beide darauf, wie »fundamental wichtig«[1] die Ausbildung zur Schauspielerin bzw. zum Schauspieler für ihr Schreiben sei: für die Entwicklung der Handlung, der Spannungsbögen, der Figuren, der Texte. »Wir haben beide die Erfahrung gemacht, wie es ist, mit einem richtig guten Text auf der Bühne zu stehen – das ist wunderbar –, und wir kennen beide den gegenteiligen Fall, das ist eine sehr unangenehme Erfahrung, die wir im Interesse der ehemaligen Kolleginnen und Kollegen zu vermeiden versuchen.«[2]

Anke Christensen hat in ihrem Nachwort zu *Furor* darauf verwiesen, dass die Dramen von Lutz Hübner und Sarah Nemitz – »mitunter geringschätzend«[3] – als *well-made-plays* bezeichnet werden, und erläutert den theaterwissenschaftlichen Begriff wie folgt: »Als *well-made-plays* gelten Dramen, die einen Konflikt in realistischer Darstellungsweise präsentieren und einen Spannungsaufbau mit einer linearen Handlungsfolge zeigen, wie sie Gustav Freytag in seiner *Technik des Dramas* (1863) dargelegt hat.«[4] Der Tektonik des aristotelischen Dramas der geschlossenen Form folgt auch *Abend über Potsdam* – im besten Sinne und in seiner ästhetischen Gestaltung weit über die zu kurz greifende Schubladen-Systematisierung des *well-made-play* hinaus.

In dieser Unterrichtsstunde nähern sich die Schülerinnen und Schüler dem Drama *Abend über Potsdam* über dessen Form an. Im Mittelpunkt der Unterrichtseinheit steht die Frage, inwieweit *Abend über Potsdam* dem Regelkanon des aristotelischen Theaters der geschlossenen Form folgt, oder ob in *Abend über Potsdam* ein gestalterischer Wille vorherrscht, der sowohl aus theaterpraktischen, aber auch aus inhaltlichen Erwägungen Anleihen vornimmt beim Drama der offenen Form und beim epischen Theater Bertolt Brechts.

1 Sarah Nemitz im Autorengespräch zu *Abend über Potsdam*. Wahlfach Literatur und Theater, Kolping Bildungszentrum Heilbronn, Sozialwissenschaftliches Gymnasium. Ludwigsburg, 15. Juni 2023.

2 Lutz Hübner im Autorengespräch, ebd.

3 Anke Christensen, »Nachwort«, in: Lutz Hübner / Sarah Nemitz, *Furor*, Ditzingen 2022 (Theater der Gegenwart, 14288), S. 71–84, hier S. 74.

4 Ebd., S. 75.

Unterrichtsverlauf

Überblick. Die Schülerinnen und Schüler verschaffen sich einen Überblick über Aufbau und Form des Dramas. Dazu untersuchen sie den Ablauf der Szenen, prüfen die Beziehungen der Figuren zueinander, klären die Orts- und Zeitverhältnisse, bewerten die unterschiedliche Länge der insgesamt elf Szenen und führen ihre Überlegungen abschließend zusammen, indem sie *Abend über Potsdam* als ein Drama lesen, das im Wesentlichen der geschlossenen Form des aristotelischen Theaters folgt. ! **Verkürzter Verlauf: 4.1 – 4.2 – 4.3 – 4.4**

Phase	Thema	Sozialform	Kompetenzen/Lernziele	Materialien
Voraussetzungen: Lektüre bis einschließlich Szene 6 (S. 55)				
4.1	Einstieg: Szenenplan *Abend über Potsdam*	PA	• Einen kursorischen Überblick über das Drama gewinnen	ARBEITSBLATT 4a ➤ S. 40
4.2	Erarbeitung/Sicherung (1): Zur Länge der Szenen	UG	• Über die Länge der Szenen Aufbau und Struktur erkennen	VORLAGE 4a ➤ S. 35
4.3	Erarbeitung/Sicherung (2): Zu den Figuren und der Figurenkonstellation	PA / GA / UG	• Ein Schaubild zur Figurenkonstellation des Dramas entwerfen • Beziehungen erschließen	VORLAGE 4b ➤ S. 36
4.4	Erarbeitung/Sicherung (3): Zur geschlossenen und offenen Form des Dramas	PA / UG	• Dramentheorien erfassen, reflektieren und auf das Drama anwenden	ARBEITSBLATT 4b ➤ S. 41 ARBEITSBLATT 4c ➤ S. 42
4.5 fakultativ	Erweiterung: Zum epischen Theater – die Projektionen	UG / LV	• Die Funktion der Projektionen erfassen und reflektieren	VORLAGE 4c ➤ S. 39
HA	Intensive Lektüre der Szenen 2, 5 und 6			*Abend über Potsdam*, S. 18–22, 36–55

4.1 Einstieg: Szenenplan *Abend über Potsdam*

Unterrichtsschritt und Erläuterungen. Die Annäherung an Aufbau und Form des Dramas erfolgt über die Erstellung eines Szenenplanes in Partnerarbeit mittels ARBEITSBLATT 4a ***»Abend über Potsdam«: Szenenplan – Zum Aufbau des Dramas***. Auf der Grundlage des Szenenplanes gewinnt die Lerngruppe einen kursorischen Überblick über das Auftreten des Personals (und damit einhergehend über den Handlungsverlauf), gleichzeitig wird sie sensibilisiert für die räumliche und zeitliche Gestaltung des Dramas. Die Partnerarbeit sollte ca. 15 Minuten, der gesamte Unterrichtsschritt inkl. Ergebnissicherung nicht mehr als 30 Minuten Zeit in Anspruch nehmen.

PA
ARBEITSBLATT 4a
➤ S. 40
Lösungshinweise
➤ S. 106

Erläuterungen zu ARBEITSBLATT 4a. *Zu Arbeitsauftrag 1:* vgl. die Lösungshinweise S. 106.

Zu Arbeitsauftrag 2 (Figuren): Eine einfache Auszählung der Auftritte der *dramatis personae* führt zu folgendem Ergebnis: Lotte Laserstein hat elf Auftritte, Lise Henkel sechs, Traute Rose fünf, Ernst Rose vier, Bodo Imhoff und Maria Goldmann je drei Auftritte. Die Schülerinnen und Schüler können zu folgenden Feststellungen gelangen:

- Lotte Laserstein ist nicht allein aufgrund der Anzahl ihrer Auftritte als Protagonistin des Dramas ausgewiesen, sondern auch dadurch, dass sie während des gesamten theatralischen Spiels die Bühne nicht verlässt. Verstärkt wird diese Feststellung durch die Tatsache, dass Lotte Laserstein in Szene 7 den einzigen Monolog des Dramas spricht.
- Der Verlauf der Handlung wird (insbesondere vor dem Wendepunkt der Handlung) dadurch bestimmt, dass die Freunde bzw. Bekannten zu den Sitzungen im Atelier Lotte Lasersteins erscheinen: Ernst Rose in Szene 2, Maria Goldmann in Szene 3, Traute Rose in Szene 4, Bodo Imhoff in Szene 5.

- Es ist kein Zufall, dass (insbesondere nach dem Wendepunkt der Handlung) einzelne Figuren entweder nicht mehr (Bodo Imhoff) oder aber kaum mehr wegen der Sitzungen (Maria Goldmann) erscheinen.
- Deutliche Schwerpunkte markieren die Szene 1 (als Exposition des Dramas) bzw. die Szene 6 (als Mittel-, Höhe- und Wendepunkt des Dramas). Beide Szenen nehmen ihre exponierte Position nicht zuletzt dadurch ein, dass in Szene 1 das gesamte Personal, in Szene 6 nahezu das gesamte Personal des Dramas (es fehlt Maria Goldmann) auf der Bühne zusammenkommt.
- Die beiden Neuen Frauen Lise Henkel und Maria Goldmann entwickeln sich im Verlaufe des Dramas trotz ursprünglich ähnlicher Anlagen und Interessen vollkommen unterschiedlich: Aus der lebenshungrigen und lebenslustigen Lise Henkel wird eine unreflektierte Opportunistin, die sich als Verlobte des SA-Mannes Richard Mahlow widerstandslos in das rückwärtsgewandte Frauenbild der Nationalsozialisten fügt. Dass sie damit in eine Gegenposition zur Jüdin Maria Goldmann gerät, wird in dem bisher gelesenen Teil des Dramas (bis Szene 6) bereits erkennbar. Maria rutscht sozial ab, verarmt, wird zur Diebin und zur Prostituierten. Der Gleichklang, der zwischen den beiden jungen Frauen in den Eingangsszenen herrscht, weicht in Szene 8 dem offenen Dissens, wenn Lise Henkel die Diebin Maria Goldmann durch das Treppenhaus auf die Straße verfolgen will und sie anschließend als »Polackenhure« [63,19] bzw. als »Judenhure[]« [64,4] beschimpft. Die Lerngruppe könnte vor dem Hintergrund dieser Entwicklung bemerken, dass (die nur scheinbar unscheinbare) Lise Henkel die zweitgrößte Anzahl an Auftritten hat, Maria Goldmann hingegen die kleinste.
- Ebenfalls nur drei Auftritte hat Bodo Imhoff, der nach seinem Abgang in der Mittelszene 6 von der Bühne verschwindet – für ihn gibt es wohl noch einen Platz auf dem Gemälde, aber keinen mehr in dem linksintellektuellen, demokratischen Freundeskreis um die Malerin Lotte Laserstein.
- Eventuell könnten die Schülerinnen und Schüler entlang der Verteilung des Personals bereits Rückschlüsse auf die Vereinsamung Lotte Lasersteins ziehen, die an zwei besonders exponierten Stellen des Dramas jeweils allein auf der Bühne zurückbleibt (nämlich am Ende der bedeutsamen Szene 6 und am Ende der Schlussszene 11).

Zu Arbeitsauftrag 3 (Zeit): Das Drama *Abend über Potsdam* beginnt in Szene 1 am 29. September 1929 und endet in Szene 11 am 14. September 1930. Die Handlung des Dramas erstreckt sich demnach über nahezu exakt ein Jahr. Die Schülerinnen und Schüler sollten bemerken, dass nur drei der elf Szenen (Szene 1, 6 und 11) präzise datiert sind, bei acht der elf Szenen (2–5 und 7–10) begnügen sich Hübner/Nemitz mit der Angabe von jeweils Monat und Jahr. Ein Blick auf die historisch exakt datierten Szenen kann sich als lohnend erweisen: Szene 1 (29. September 1929) spielt einen Monat vor dem Beginn der Weltwirtschaftskrise (der *Black Friday* fällt auf den 25. Oktober, der *Black Tuesday* auf den 29. Oktober 1929); Szene 6 spielt am Ostersonntag, dem 20. April 1930, und führt damit den Geburtstag Adolf Hitlers in eins mit dem höchsten christlichen Feiertag, dem Fest der Wiederauferstehung Jesu Christi; Szene 11 spielt am 14. September 1930 und beschließt das Drama mit dem Tag des ersten großen Wahlerfolgs der NSDAP. Ob und inwieweit für das Drama *Abend über Potsdam* die aristotelische Einheit der Zeit gilt, wird in Unterrichtsschritt 4.4 diskutiert.

Zu Arbeitsauftrag 4 (Ort): vgl. die Darstellung in Unterrichtsschritt 2.2.

4.2 Erarbeitung/Sicherung (1): Zur Länge der Szenen

UG

VORLAGE 4a

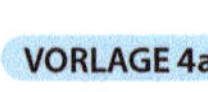

➤ S. 35

Unterrichtsschritt. Die Schülerinnen und Schüler erhalten die VORLAGE 4a ***Länge der Szenen***. In einem offenen Unterrichtsgespräch werden die Szenen hinsichtlich der Länge und weiter hinsichtlich möglicher Bedeutungen für die Struktur des Dramas bewertet. Der Unterrichtsschritt sollte ca. 20 Minuten Zeit in Anspruch nehmen.

Erläuterungen. Folgende Ergebnisse könnten fixiert werden: Die durchschnittliche Länge der Szenen beträgt ca. 6,5 Seiten. Durch ihre Länge bzw. Kürze sind auffällig gekennzeichnet:

- die (zweitlängste) Expositionsszene 1, in der sich das gesamte Personal auf der Bühne sammelt, um die Handlung anzustoßen
- die (mit Abstand längste) Szene 6 in der arithmetischen Mitte des Dramas, in der sich beinahe das gesamte Personal auf der Bühne sammelt, um die Handlung an ihren Umkehrpunkt zu führen, was die Szene zum Höhe-, zum Mittel- und zum Wendepunkt des Dramas macht
- die darauffolgende (mit Abstand kürzeste) Szene 7, die den einzigen Monolog des Dramas bietet

- Eventuell kann auf die theatralisch wirksame Abfolge von Szene 6 und Szene 7 verwiesen werden: sehr lang vs. sehr kurz, sehr viele Personen vs. nur eine Person, sehr laut infolge des Dissenses vs. sehr leise infolge der konzentrierten Arbeit Lotte Lasersteins an dem Gurlitt-Brief.

VORLAGE 4a

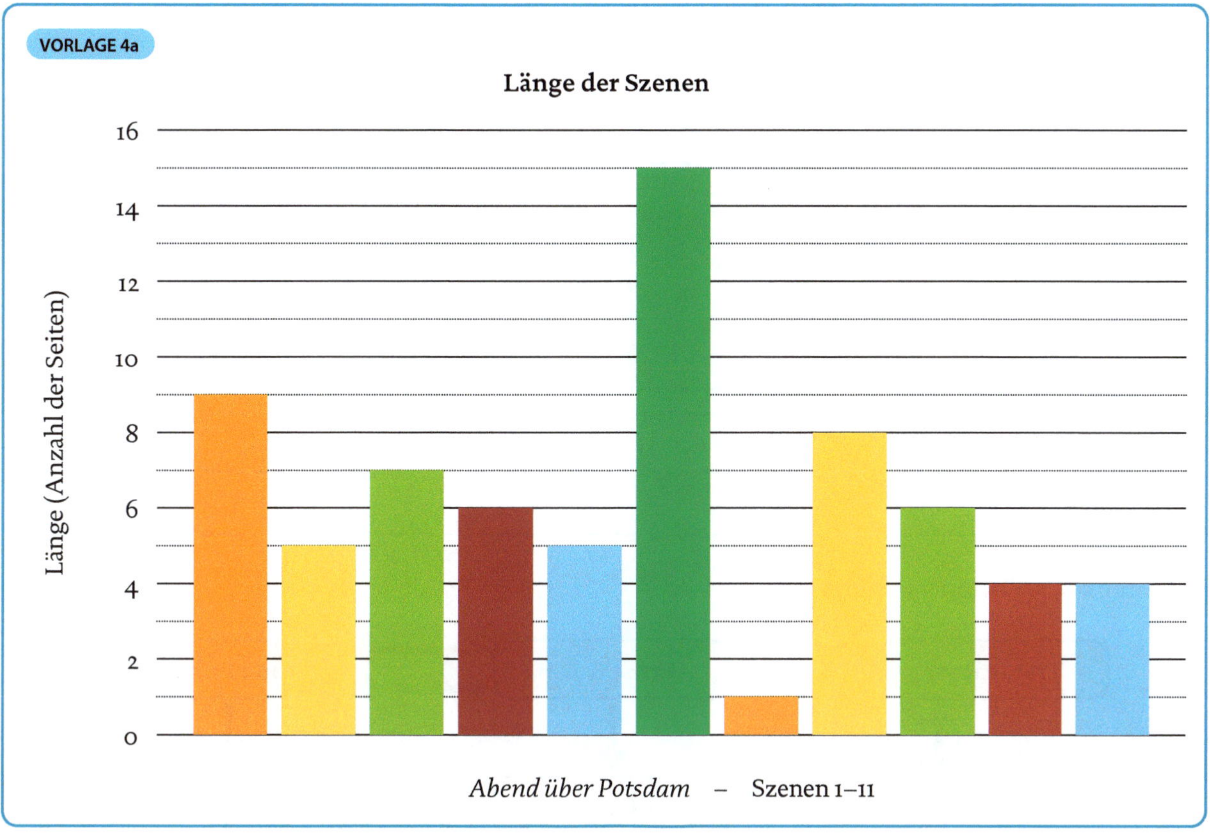

4.3 Erarbeitung/Sicherung (2): Zu den Figuren und der Figurenkonstellation

Unterrichtsschritt. Die relativ geringe Anzahl der *dramatis personae* macht es möglich, die Schülerinnen und Schüler die Konstellation und die Beziehungen des Personals zueinander in Partner- bzw. in Gruppenarbeiten eigenverantwortlich prüfen zu lassen. Arbeitsauftrag an die Lerngruppe ist, die Personenkonstellation von *Abend über Potsdam* in zwei Schaubildern (vor Szene 6 und nach Szene 6) zu fixieren. Das Ergebnis kann als Tafelbild entwickelt oder als VORLAGE 4b ***Figuren und Figurenkonstellation des Dramas*** gezeigt und so gesichert werden. Der Unterrichtsschritt sollte ca. 20 Minuten Zeit in Anspruch nehmen.

PA / GA / UG

VORLAGE 4b ➤ S. 36

Erläuterungen. Konstitutiv für die Deutung eines Dramas sind Bestimmung und Analyse der Figurenkonstellationen. Diese setzen ein Verständnis für den Charakter der Figur und – damit verbunden – deren sozialer Stellung, deren Sprache, deren emotionalem Befinden und deren Handlungsmotive im Moment der jeweiligen Bühnenpräsenz voraus. Der Arbeitsauftrag soll den Schülerinnen und Schülern signalisieren, dass die Beziehungen der handelnden Figuren dynamisch sind. Sie sind im Verlauf des Dramas Veränderungen unterworfen. Im aristotelischen Sinne: jedes Erscheinen einer Figur »in actu« kann bereits als Vorverweis auf ihr späteres Auftreten »in potentia« gelesen werden. Leistungsstärkere Lerngruppen können parallel dafür sensibilisiert werden, dass die Bestimmung von Figurenkonstellationen notwendigerweise auch die Bestimmung von (handlungsmotivierenden) Konflikten bedeutet.

Die Schaubilder zur Figurenkonstellation von *Abend über Potsdam* sollten jeweils die Figur der Malerin Lotte Laserstein in den Mittelpunkt rücken. Sie ist während aller Szenen auf der Bühne, die Entstehung ihres Gemäldes bildet die Handlungsachse des Stückes, sie bindet die Freunde, Freundinnen und Bekannte als Modelle an sich und stiftet damit (dort, wo noch nicht vorhanden) Verbindungen unter- und zueinander. Die Schülerinnen und Schüler könnten bemerken, dass sich das Personal um Lotte Laserstein durch – einander wechselseitig verschränkende – Paarbildungen beschreiben lässt.

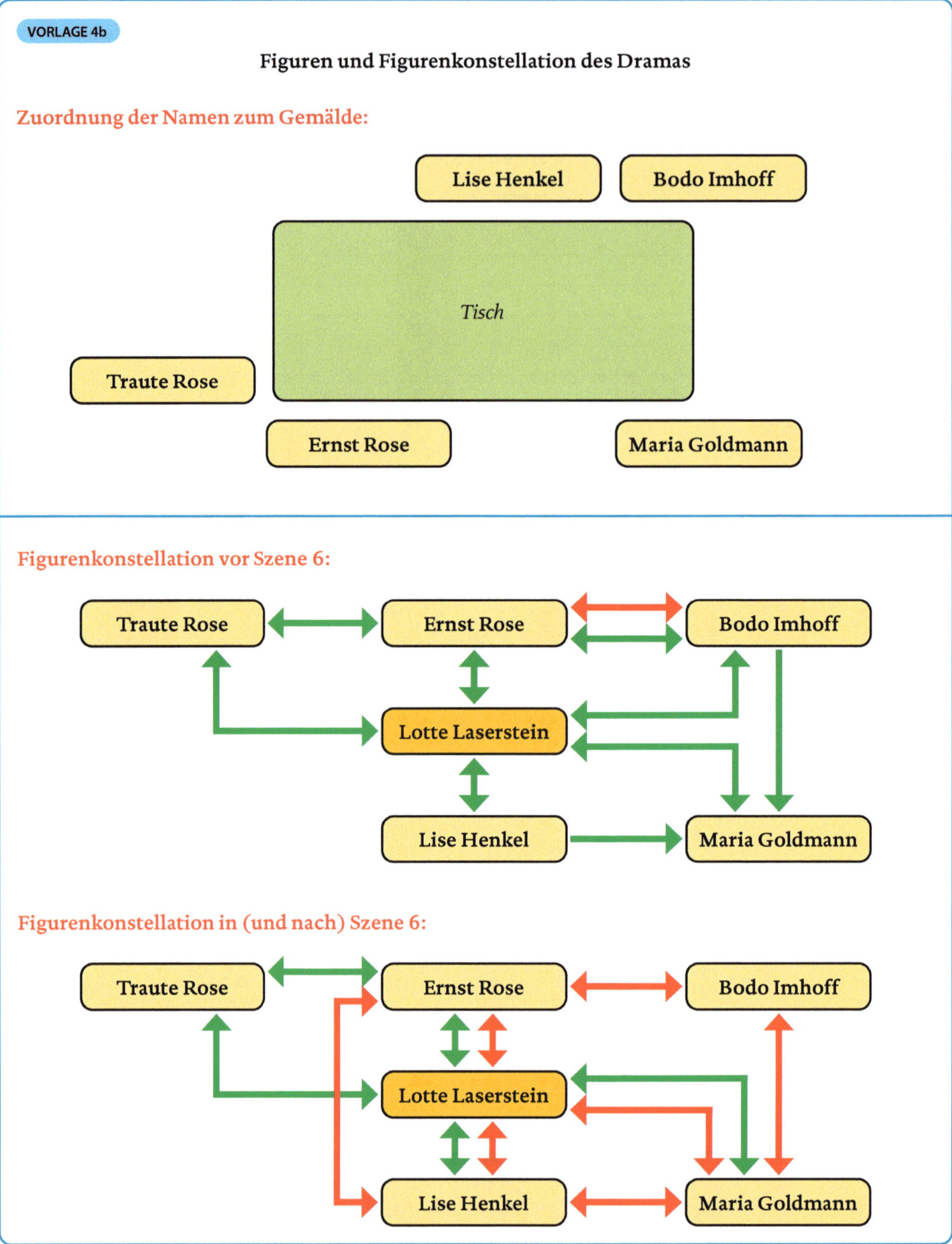

Beobachtungen zur Figurenkonstellation vor Szene 6:

- Als Ehepaar einander verbunden sind Traute und Ernst Rose.
- Als Freundinnen einander verbunden sind Lotte Laserstein und Traute Rose.
- Als Neue Frauen einander verbunden sind Lise Henkel und Maria Goldmann.
- Trotz erkennbarer Differenzen sind einander freundschaftlich verbunden Lotte Laserstein und Bodo Imhoff.
- Trotz erkennbarer Differenzen sind einander freundschaftlich verbunden Ernst Rose und Bodo Imhoff.
- Partnerschaftliches oder sexuelles Interesse an Maria Goldmann hat Bodo Imhoff (vgl. 28,12–27).

Beobachtungen zur Figurenkonstellation in/nach Szene 6:

- Als Ehepaar einander verbunden bleiben Traute und Ernst Rose (trotz erkennbarer Konflikte, vgl. hierzu 53,24–54,22 bzw. die Musterklausur Kapitel 10).
- Als Freundinnen einander verbunden bleiben Lotte Laserstein und Traute Rose (trotz erkennbarer, Lotte Lasersteins Egoismen geschuldeter Konflikte, vgl. hierzu z. B. Szene 4, S. 33 ff., bzw. Szene 9, S. 65 ff.).
- Die Anteilnahme Lotte Lasersteins an Lise Henkel verwandelt sich in Enttäuschung.
- Die Anteilnahme Lotte Lasersteins an Maria Goldmann verwandelt sich in Bedrohung, Betrug und Diebstahl.
- Einander antithetisch gegenübergestellt sind nun Lise Henkel und Maria Goldmann.
- Einander antithetisch gegenübergestellt sind nun Ernst Rose und Bodo Imhoff.
- Nach Szene 6 hat die Figur Bodo Imhoff keinen weiteren Auftritt mehr.

Die Schülerinnen und Schüler sollten bemerken, dass die Konflikte zwischen den Figuren unterschiedlich motiviert sind: Zwar überwiegen die politischen Differenzen (die auch nachhaltigere Wirkung zeigen), Konfliktpotenzial bieten aber weiter soziale Differenzen, enttäuschte oder enttäuschende Lebensentwürfe, unterschiedliche künstlerische Darstellungsformen bzw. unterschiedliche künstlerische Stile, Egoismen, Intoleranz, antisemitische Anfeindungen etc. »Was sich zwischen den so unterschiedlichen Figuren entwickelt, ist nicht wirklich spektakulär, es vermag aber zu illustrieren, wie sich langsam die politische und menschliche Tektonik zwischen ihnen verschiebt«, kommentiert Sascha Feuchert (im »Nachwort« zu *Abend über Potsdam*, S. 93 f.).

Abschließend könnte die Lerngruppe durch die Lehrkraft dafür sensibilisiert werden, dass es mehrere Figuren im Drama gibt, die, ohne auf der Bühne zu erscheinen, durchaus von Bedeutung sind: so der einflussreiche Kunsthistoriker und Kunsthändler Hildebrand Gurlitt (vgl. hierzu die Anmerkung in *Abend über Potsdam* zu 20,30 bzw. den Unterrichtsschritt 8.3), so die Mütter der beiden Neuen Frauen Lise Henkel und Maria Goldmann, insbesondere aber der Verlobte Lise Henkels, der SA-Mann Richard Mahlow, der, gleich dem erstarkenden und buchstäblich näher rückenden Nationalsozialismus in der Schlussszene des Dramas in einer der Wohnungen unter dem Atelier Lotte Lasersteins auf die Wahlergebnisse der Reichstagswahl wartet: »Lise ist unten und wartet mit ihrer SA-Clique auf die Ergebnisse. Ich habe ihr nicht Bescheid gesagt, sonst wären wohl alle hochgekommen« (75,9 ff.).

4.4 Erarbeitung/Sicherung (3): Zur geschlossenen und offenen Form des Dramas

Unterrichtsschritt. Die Lerngruppe erhält ARBEITSBLATT 4b ***Gustav Freytags Schema des geschlossenen Dramas*** sowie ARBEITSBLATT 4c ***Geschlossene und offene Form des Dramas*** und löst die darauf notierten Arbeitsaufträge in Partnerarbeit. Die Ergebnisse werden in einem offenen Unterrichtsgespräch gesichert. Der beschließende Unterrichtsschritt sollte ca. 20 Minuten Zeit in Anspruch nehmen.

PA / UG

ARBEITSBLATT 4b
➤ S. 41
ARBEITSBLATT 4c
➤ S. 42
Internetzugang

Erläuterungen. Der Unterrichtsschritt versucht die Lerngruppe dafür zu sensibilisieren, dass das Drama *Abend über Potsdam* des Autorenduos Hübner/Nemitz – obgleich im Wesentlichen der aristotelischen Bauform des Dramas und dessen Spannungsbögen folgend – Charakteristika der von Volker Klotz als offenes Drama bezeichneten Bauform zeigt und sich darüber hinaus (vgl. Unterrichtsschritt 4.5) der Verfremdungseffekte des epischen Theaters Bert Brechts bedient.

Das von Gustav Freytag fixierte Schema des geschlossenen Dramas aristotelischer Form (gerne als Dramendreieck bzw. als Dramenpyramide bezeichnet) wird in der gymnasialen Oberstufe als bekannt vorausgesetzt.

Zu ARBEITSBLATT 4b, *Arbeitsauftrag 1:* Die Schülerinnen und Schüler erkennen, dass das Drama *Abend über Potsdam* die von Aristoteles eingeforderte Einheit der Zeit nicht, die Einheit des Ortes hingegen einhält. Differenzierter sollte die Antwort auf die Frage nach der Einheit der Handlung ausfallen: Eingehalten ist die Einheit der Handlung insofern, als die gesamte Handlung auf die Vollendung bzw. die Fertigstellung von Lotte Lasersteins Gemälde »Abend über Potsdam« zielt. Die Tatsache allerdings, dass das Vorhandensein des Gemäldes unbestreitbar ist, bricht die herkömmlich aristotelische Einheit der Handlung auf: Nicht das Was der Handlung rückt in den Mittelpunkt des Interesses, sondern das Wie. Folgerichtig gewinnen die Nebenhandlungen des Dramas an Gewicht (z. B. die sich durch das Heraufziehen des Faschismus verändernde Tektonik der Figuren etc.).

Zu ARBEITSBLATT 4b, *Arbeitsauftrag 2:* Die Eröffnungsszene des Dramas ist deutlich an die Bauform des aristotelischen Dramas angelehnt (vgl. hierzu die Unterrichtseinheit 2), ebenso bildet Szene 6 erkennbar den Höhe- und

Wendepunkt des Dramas (vgl. hierzu Unterrichtseinheit 5 bzw. den das Unterrichtsmodell beschließenden Klausurvorschlag), die Schlussszene des Dramas changiert zwischen einem insofern positiven Ende, als die Arbeit an dem Gemälde »Abend über Potsdam« abgeschlossen ist und Lotte Laserstein dieses nun den übrig gebliebenen Freunden präsentiert, gleichzeitig nähert sich das Ende durch den Erfolg der NSDAP bei der Wahl zum fünften deutschen Reichstag und der vereinsamt auf der Bühne zurückbleibenden Protagonistin einer Katastrophe an.

Zu ARBEITSBLATT 4c: Der Literaturwissenschaftler Volker Klotz unterscheidet in seinem 1960 erschienenen Werk *Geschlossene und offene Form im Drama* idealtypisch die geschlossene und die offene Form des Dramas als zwei Bauformen des Theaters, die auf ARBEITSBLATT 4c einander tabellarisch gegenübergestellt sind. Die Schülerinnen und Schüler erkennen, dass sich für das Drama *Abend über Potsdam* sowohl Merkmale der geschlossenen Form (überwiegend in den Zeilen Gesamtstruktur, Raum, Personen) als auch Merkmale der offenen Form (überwiegend in den Zeilen Bauform/Komposition, Zeit, Sprache) finden lassen. Intendiert ist keine Entweder-Oder-Entscheidung, die Schülerinnen und Schüler sollten vielmehr erkennen, dass das zeitgemäße Theater des Autorenduos Hübner/Nemitz sich souverän unterschiedlicher Traditionslinien der Theatergeschichte bedient.

4.5 Erweiterung: Zum epischen Theater – die Projektionen (fakultativ)

UG / LV

VORLAGE 4c
➤ S. 39

Unterrichtsschritt mit Erläuterungen. Bertolt Brecht (1898–1956) entwickelt sein episches Theater am Ende der 1920er Jahre, zu eben jener Zeit, zu der Lotte Laserstein als junge Künstlerin ihre ersten Erfolge feiert und in welcher das Drama *Abend über Potsdam* zeitlich situiert ist. Eine auch nur annähernd vollständige Darstellung dessen, was episches Theater ist bzw. zu leisten vermag, ist hier nicht angestrebt. Eventuell kann dies durch einen knappen Impulsvortrag der Lehrkraft umrissen werden. Hingewiesen werden sollten die Schülerinnen und Schüler allerdings auf die Verfremdungseffekte des epischen Theaters, zu denen (neben der vorangestellten Lyrik, dem erleuchteten Zuschauerraum, der Sichtbarkeit der Lichtquellen, der Drehbühne, den offenen Umbauarbeiten auf der Bühne, dem Heraustreten der Figuren aus ihren Rollen etc.) auch Projektionen gehören. Die von Brecht so bezeichneten Verfremdungseffekte sind insofern konstituierend für das epische Theater, als sie Distanz zwischen Zuschauer und Bühne schaffen: In der dramatischen Form des Theaters (dem aristotelischen Theater der geschlossenen Form), so formuliert Brecht in den *Anmerkungen zur Oper Aufstieg und Fall der Stadt Mahagonny*, wird der Zuschauer in eine Handlung hineinversetzt, im epischen Theater wird er ihr gegenübergesetzt, Gefühle ermöglicht ihm das eine, Erkenntnisse verschafft ihm das andere, das eine suggeriere, das andere argumentiere, aristotelisches Theater weckt Spannung auf den Ausgang, episches Theater Spannung auf den Gang (vgl. hierzu die Erläuterungen weiter oben zu ARBEITSBLATT 4b, Arbeitsauftrag 1). »Von keiner Seite wurde es dem Zuschauer weiterhin ermöglicht, durch einfache Einfühlung in dramatische Personen sich kritiklos (und praktisch folgenlos) Erlebnissen hinzugeben. Die Darstellung setzte die Stoffe und Vorgänge einem Entfremdungsprozeß aus. Es war die Entfremdung, welche nötig ist, damit verstanden werden kann«, formuliert Brecht in »Mittelbare Wirkung des epischen Theaters« (in: *Schriften zum Theater. Über eine nicht-aristotelische Dramatik*, Frankfurt a.M. 1971, S. 63). Hinsichtlich der Tafeln konkretisiert er: »Die Tafeln, auf welche die Titel der Szenen projiziert werden, sind ein primitiver Anlauf zur Literarisierung des Theaters. Diese Literarisierung des Theaters muß, wie überhaupt die Literarisierung aller öffentlichen Angelegenheiten, in größtem Ausmaß weiterentwickelt werden. Die Literarisierung bedeutet das Durchsetzen des ›Gestalteten‹ mit ›Formuliertem‹« (»Literarisierung des Theaters. Anmerkungen zur Dreigroschenoper«, in: ebd., S. 30).

»Über der Spielfläche hängt ein 2 mal 1 Meter großes weißes Holzbrett, auf das projiziert werden kann« (9,5 f.), so die Regieanweisung zur ersten Szene des Dramas. Im Verlauf des Dramas erscheinen darauf insbesondere einzelne Stadien der Bildentstehung von »Abend über Potsdam« (vgl. 17,23 ff., 22,1–4, 29,5 f.), projiziert werden aber z.B. auch Nick Lucas' »Tiptoe throu the tulips« (23,3 ff.) oder die Bildidee zu Lotte Lasersteins »Ich und mein Modell« (34,5–22). Die Lerngruppe könnte abschließend diskutieren, ob und falls ja, inwiefern die Projektionen in »Abend über Potsdam« (VORLAGE 4c ***Die Projektionen***) dem Impetus der Brecht'schen Verfremdungseffekte folgen (Umrissskizzen: Marlene Grüne).

VORLAGE 4c

Die Projektionen

Hausaufgabe

Intensive Lektüre der Szenen 2, 5 und 6, *Abend über Potsdam*, S. 18–22, 36–55.

ARBEITSBLATT 4a

Abend über Potsdam: Szenenplan – Zum Aufbau des Dramas

Szene	Figuren	Zeit	Ort
1			
2			
3			
4			
5			
6			
7			
8			
9			
10			
11			

Arbeitsaufträge:

1. Füllen Sie die drei rechten Spalten, indem Sie für jede Szene das auf der Bühne befindliche Personal sowie die durch die Regieanweisungen gegebenen Informationen zu Zeit und Ort notieren.
2. Bewerten Sie die in der Spalte *Figuren* gewonnenen Informationen hinsichtlich des Aufbaus des Dramas.
3. Bewerten Sie die in der Spalte *Zeit* gewonnenen Informationen hinsichtlich des Aufbaus des Dramas.
4. Bewerten Sie die in der Spalte *Ort* gewonnenen Informationen hinsichtlich des Aufbaus des Dramas.

2024 Reclam Verlag / Holger Bäuerle

ARBEITSBLATT 4b

Gustav Freytags Schema des geschlossenen Dramas

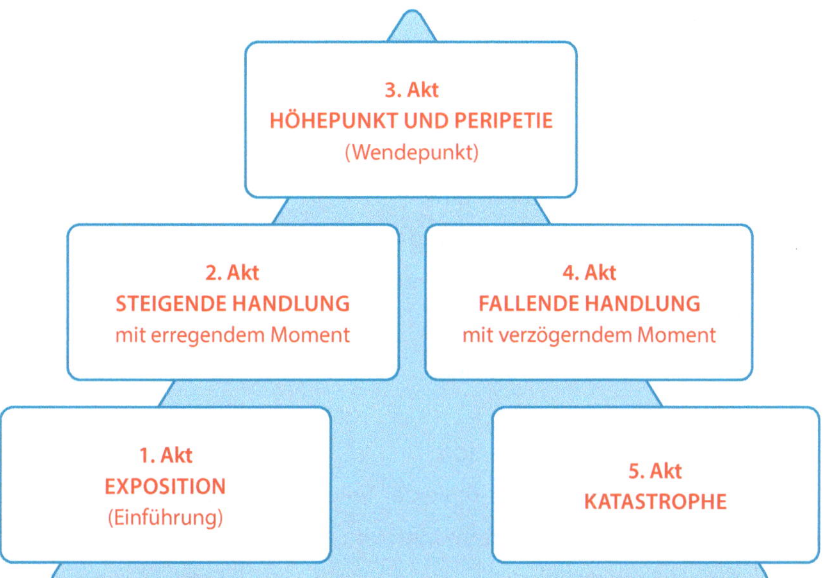

1. Gustav Freytag: *Die Technik des Dramas*:

»Durch die beiden Hälften der Handlung, welche in einem Punkt zusammenschließen, erhält das Drama – wenn man die Anordnung durch Linien verbildlicht – einen pyramidalen Bau. Es steigt von der Einleitung mit dem Zutritt des erregenden Moments bis zu dem Höhenpunkt, und fällt von da bis zur Katastrophe. Zwischen diesen drei Teilen liegen die Teile der Steigerung und des Falles. Jeder dieser fünf Teile kann aus einer Szene oder aus einer gegliederten Folge von Szenen bestehen, nur der Höhenpunkt ist gewöhnlich in einer Hauptszene zusammengefasst.«

Gustav Freytag: Die Technik des Dramas. Darmstadt: Wissenschaftliche Buchgesellschaft, 1975. S. 102.

2. Aristoteles: *Poetik* (Einheit der Handlung):

»Wir haben festgestellt, daß die Tragödie die Nachahmung einer in sich geschlossenen und ganzen Handlung ist, die eine bestimmte Größe hat […]. Ein Ganzes ist, was Anfang, Mitte und Ende hat. […] Demzufolge dürfen Handlungen, wenn sie gut zusammengefügt sein sollen, nicht an beliebiger Stelle einsetzen noch an beliebiger Stelle enden […]. Ferner müssen die Teile der Geschehnisse so zusammengefügt sein, daß sich das Ganze verändert und durcheinander gerät, wenn irgendein Teil umgestellt oder weggenommen wird.«

Aristoteles: Poetik. Griechisch/Deutsch. Übers. und hrsg. von Manfred Fuhrmann. Bibliogr. erg. Ausg. Stuttgart: Reclam, 2022. S. 25–29 [Kap. 7 bzw. Kap. 8].

3. Aristoteles: *Poetik* (Einheit der Zeit):

»[D]ie Tragödie versucht, sich nach Möglichkeit innerhalb eines einzigen Sonnenumlaufs zu halten […].«

Ebd. S. 17 [Kap. 5].

Arbeitsaufträge:

1. Lesen Sie die Anforderungen des Aristoteles an die Einheit von Zeit und Handlung (Texte Nr. 2 und 3). Informieren Sie sich über die (von Aristoteles nicht erläuterte) Einheit des Ortes im Internet. Prüfen Sie anschließend, ob bzw. inwiefern die Einheiten von Zeit, Ort, und Handlung auf das Drama *Abend über Potsdam* zutreffen.
2. Wenden Sie das oben abgebildete Dramendreieck (Gustav Freytags Schema des geschlossenen Dramas) auf *Abend über Potsdam* an und begründen Sie mögliche Übereinstimmungen.

2024 Reclam Verlag / Holger Bäuerle

ARBEITSBLATT 4c

Geschlossene und offene Form des Dramas

	Geschlossene Form des Dramas	Offene Form des Dramas
Gesamtstruktur	Der Ausschnitt als Ganzes Einheit und Verbundenheit	Das Ganze in Ausschnitten Vielfalt und Dispersion
Bauform/ Komposition	Ganzheit, Einheit, Kontinuität Betonung der Haupthandlung Linear, kontinuierlich, kausal motiviert Einheitliches ist strukturiert Unselbständigkeit der Teile Symmetrische Komposition Dramenpyramide, Hierarchie der Teile Fünf Akte mit exponiertem Mittelakt Akt als Formeinheit Abgeschlossenheit von Akt und Szene	Vielfalt, Pluralität, Brüche Betonung von Nebenhandlungen Lose Fügung, fehlende Kontinuität Gleichwertiges ist gereiht Selbständigkeit der Teile Reihende Komposition Fehlende Hierarchie der Teile Szene als Formeinheit Akt und Szene beginnen und enden abrupt
Raum	Einheit, Geschlossenheit des Raumes Kaum Raumwechsel	Mannigfaltigkeit des Raumganzen (Welt) Vielzahl von Spielorten
Zeit	Gedrängter Handlungszeitraum Kontinuierlicher Zeitfluss Keine Zeitsprünge, keine Zeitbrüche	Weite zeitliche Erstreckung Kein kontinuierlicher Zeitfluss Zeitsprünge, Zeitbrüche
Personen	Geringe Personenzahl	Große Personenzahl
Sprache	Homogene Sprachführung Gehobene Sprache in Prosa und Vers	Heterogene Sprachführung Realistische Alltagssprache

Arbeitsauftrag:
Prüfen Sie, inwieweit das Drama *Abend über Potsdam* des Autorenduos Hübner/Nemitz Charakteristika des geschlossenen bzw. des offenen Dramas erfüllt.

2024 Reclam Verlag / Holger Bäuerle

5 »Vielleicht ist die Zeit der Verständigung einfach vorbei.« Die antithetischen männlichen Figuren charakterisieren

Sachanalyse

Im Jahr 2017, als das Drama *Abend über Potsdam* in Potsdam uraufgeführt wird, zieht die AfD bei der Wahl zum 19. Deutschen Bundestag erstmals mit 12,6 % in das Parlament ein. Aus dem Stand wird sie mit 94 Sitzen zur drittgrößten Fraktion im Bundestag. Der damalige Spitzenkandidat der AfD, Alexander Gauland, formuliert noch am Wahlabend des 24. September in Richtung der regierenden Bundeskanzlerin Angela Merkel (CDU): »Wir werden sie jagen.« Damit ist ein Tonfall angeschlagen, der für Rechtspopulisten von jeher charakteristisch ist, der im höchsten deutschen Parlament immer wieder für Empörung sorgt, der aber seitdem zum Bestandteil der politischen Debatte geworden ist. So etwa, wenn Alice Weidel, Mitglied des Vorstands und Fraktionsvorsitzende der AfD, in der Generaldebatte am 31. Januar 2024 gegen die von der Mehrheit der deutschen Bürgerinnen und Bürger gewählte Regierung davon redet, dass diese Deutschland hasse.[1]

Das in Krisenzeiten gerne aufgerufene Narrativ von den ›Weimarer Verhältnissen‹ wird immer dann bemüht, wenn extremistische Ränder des Parteienspektrums erstarken, wenn wirtschaftliche Krisen Lebensstandard und Lebensqualität der wählenden Bürgerinnen und Bürger bedrohen, wenn gesellschaftlicher Konsens verloren geht. Zweifelsohne sind die politischen und die historischen Rahmenkonditionen der 1920er Jahre nicht vergleichbar mit denen der 2020er Jahre – und doch: Heute wie damals beobachten wir das Erstarken einer in Teilen als verfassungsfeindlich eingestuften, antidemokratischen Partei. Heute wie damals herrscht offensichtlich in weiten Teilen der Bevölkerung eine Sehnsucht nach einfachen Antworten, nach einfachen Lösungen. Oder schlimmer: eine diffuse Mischung aus fehlender Teilhabe, Existenzangst, Fremdenfeindlichkeit, Demokratiefeindlichkeit – befeuert von Fehlinformation, Desinformation, Verschwörungsdenken. »Auch wenn sich Hübner und Nemitz gegen eine zu einfache Analogiebildung verwahren, so sind die Bezüge des Dramas zur Gegenwart doch kaum zu übersehen. Auch heute driften westliche Gesellschaften schließlich sichtbar auseinander, machen rechte Parteien wie die ›Alternative für Deutschland‹ (AfD) völkisch-nationale ›Angebote‹ und vermitteln bequeme Feindbilder.«[2] Und bedienen sich dabei sprachlicher Verfahren und Begrifflichkeiten, die aus dem Vokabular einer anderen Zeit zu stammen scheinen. Vor diesem Hintergrund ist die politische Auseinandersetzung zwischen Ernst Rose und Bodo Imhoff in *Abend über Potsdam* – damals wie heute – aktuell: sowohl, was ihre Inhalte, mehr aber noch, was ihre Funktionsweisen und Mechanismen angeht.

Durch die beiden antithetisch gestalteten männlichen Figuren geht jener politische Riss, der die Endphase der Weimarer Republik kennzeichnet: In Szene 6 werden sich der linksintellektuelle Ernst Rose und der zu diesem Zeitpunkt bereits zum Nationalsozialismus konvertierte Bodo Imhoff endgültig überwerfen. Dabei verbinden die beiden zu Beginn ähnliche biografische Erfahrungen (10,20–29) – nun aber ist der eine Kunstschaffender, der andere gescheiterter Künstler: »Unveröffentlichter Schriftsteller, vulgo: Journaille« (14,26 f.), stellt sich Bodo Imhoff der auf der Dachterrasse versammelten Gesellschaft in Szene 1 vor. Der eine verdient ein festes Gehalt, der andere rettet sich nach seiner Entlassung beim *Vossischen Tageblatt* als Mietfeder (37,29) zum *Völkischen Beobachter*, dem publizistischen Parteiorgan der NSDAP. Bodo Imhoff, im Drama ein Vertreter der alten Rechten, würde durchaus auch zum Vertreter der neuen Rechten taugen. Nicht wegen der von ihm vertretenen politischen Inhalte – wohl aber aufgrund der Kommunikationsstrategien, derer er sich bedient. So inszeniert er die NSDAP im Gespräch mit Lotte Laserstein als bürgerliche Partei, die sich »Sorgen« (38,20) um Deutschland mache, als Jugendbewegung, der man es nicht verwehren dürfe, an »eine bessere Zukunft zu denken« (39,5 f.), behauptet, der Antisemitismus der Partei sei »im Kern ein Antikapitalismus« (38,25) – 6,3 Millionen europäische Juden werden dem Holocaust zum Opfer fallen – in Szene 6 verteidigt er den Straßenterror und die marodierenden SA-Truppen, indem er deren Gewaltpotenzial verharmlost, wiederholt die Litanei von der hohen Arbeitslosigkeit, vom Schandvertrag von Versailles, der Demütigung des Deutschen Reiches (51,21–26), um schließlich das Versagen der Demokratie zu konstatieren und – wenig

1 Vgl. Johannes Seiler, »SWR3-Korrespondentin Evi Seibert: ›Alice Weidel und ihre Partei verkörpern Hass, sie schüren Hass‹«, in: *SWR3* (1. 2. 2024), https://swr3.de/aktuell/nachrichten/alice-weidel-bundestag-kommentar-100.html (Stand: 4. 3. 2024).

2 Sascha Feuchert, »Nachwort«, in: Lutz Hübner / Sarah Nemitz, *Abend über Potsdam*, 2., durchges. Aufl. Ditzingen 2024, S. 87–99, hier S. 95.

überraschend – als Antwort den Faschismus zu benennen (51,27–30). Die Muster erinnern an unser Heute: Glättung und Beschwichtigung, wo es um die Positionierung als scheindemokratische Partei geht, Desinformation und Verharmlosung, wo es um die politischen Ziele geht, Verleumdung und Lüge, wo es um den politischen Gegner geht.

Interessanterweise ist es Bodo Imhoff, der der Diskussion mit dem gleichermaßen gebildeten wie eloquenten Demokraten und genuinen Theatermenschen Ernst Rose ausweicht und in der Streitszene 6, dem Mittel- und Höhepunkt des Dramas, die Bühne verlässt, um nicht wiederzukehren: »Ich glaube, es ist besser, wenn ich jetzt aufbreche« (52,28). Demokratische Gesprächskultur? Demokratische Streitkultur? »Andersdenkenden zuhören und Respekt zeigen? Fehlanzeige«, kommentiert die *Welt* die eingangs zitierte Generaldebatte im Deutschen Bundestag vom 31. Januar 2024, und weiter: »Rhetorisch wirkt die Bundesrepublik heute wie eine Zentrifuge, die alles zu den Rändern schleudert.«[3]

Lotte Laserstein kommentiert diesen Abgang mit den Worten: »[I]ch dachte, es ist eine Verständigung möglich« (53,1 f.). Das ist sie nicht. Weil sie – damals wie heute – von der Rechten nicht gewollt ist. Wer keine Verständigung sucht, kann leicht behaupten, es sei keine Verständigung möglich. Wer kein Gespräch sucht, kann leicht behaupten, es sei kein Gespräch möglich. Auch heute bewegt sich die politische Rechte in eigenen Filterblasen und Echokammern, dem öffentlichen Diskurs, der öffentlichen Auseinandersetzung mit anderem Denken oder anderen Meinungen wird jenseits des Misstrauens gegenüber den etablierten Medien (Lise Henkel spricht nicht zufällig von »Presselügen«, 51,8) bewusst aus dem Weg gegangen. Bodos Verhalten »markiert […], worauf das Ganze hinauslaufen muss, wenn das Autoritäre gewinnen soll: auf einen willkürlich herbeigeführten, endgültigen Abbruch der Kommunikation, auf die Verweigerung eines konsensorientierten Gesprächs. Damit dieser Endpunkt erreicht wird, bedarf es zuvor der Leugnung von Fakten und der Verdrehung der Wahrheit«[4].

3 Dirk Schümer »Der Verfall deutscher Streitkultur – und seine gravierenden Folgen«, in *WELT* (19. 2. 2024), www.welt.de/politik/deutschland/plus250135244.de (Stand: 4. 3. 2024).

4 Feuchert (s. Anm. 2), S. 96.

Unterrichtsverlauf

Überblick. Im Mittelpunkt stehen die beiden männlichen Figuren Ernst Rose und Bodo Imhoff. Die Schülerinnen und Schüler nähern sich den Figuren über einen Textauszug aus Erich Kästners Roman *Fabian* von 1931 an. In Partnerarbeit erstellt die Lerngruppe Charakterbilder der beiden Figuren. Besonderes Augenmerk gilt dem politisch motivierten Bruch zwischen den beiden Figuren – und der von Bodo Imhoff gewollt herbeigeführten Suspendierung eines wirklichen demokratischen Diskurses.

Phase	Thema	Sozialform	Kompetenzen/Lernziele	Materialien
Voraussetzungen: Intensive Lektüre der Szenen 2, 5 und 6, Abend über Potsdam, S. 18–22, 36–55				
5.1	Einstieg: Erich Kästner, *Fabian. Die Geschichte eines Moralisten* (1931)	PA	• Eine literarische Quelle lesen, deuten und in den Kontext des Dramas stellen	ARBEITSBLATT 5a ➤ S. 49 f.
5.2	Erarbeitung/Sicherung (1): Die männlichen Charaktere des Dramas (Szene 2 und Szene 5)	GA / UG	• Figurenkonzeptionen erkennen, bewerten und einander gegenüberstellen	ARBEITSBLATT 5b ➤ S. 51 TAFELBILD 5 ➤ S. 46
5.3	Erarbeitung/Sicherung (2): Die männlichen Charaktere des Dramas (Szene 6)	UG	• Textnahes, angeleitetes Lesen (*close reading*) • Die Bedeutung von Szene 6 für die Tektonik des Dramas reflektieren	ARBEITSBLATT 5b ➤ S. 51 TAFELBILD 5 ➤ S. 46
HA	Lektüre der Szenen 7 bis 11, intensive Lektüre der Szenen 4 und 9			*Abend über Potsdam*, S. 56–78 bzw. S. 30–35, S. 65–70

5.1 Einstieg: Erich Kästner, *Fabian. Die Geschichte eines Moralisten* (1931)

Unterrichtsschritt mit Erläuterungen. Die Schülerinnen und Schüler erhalten das ARBEITSBLATT 5a ***Erich Kästner: »Fabian. Die Geschichte eines Moralisten« (1931)*** und lösen den dort vermerkten Arbeitsauftrag in Partnerarbeit. »Kästners Roman wird immer wieder vorgeworfen, durch politisches Desinteresse gekennzeichnet zu sein. Gleichwohl gibt es verschiedene Passagen im *Fabian*, in denen politische Fragen zur Sprache kommen, und Fabian zumindest in Ansätzen bereit ist, Position zu beziehen« (Marja Rauch, *Erich Kästner: »Fabian. Die Geschichte eines Moralisten«*, München 2001, S. 75). Den Schülerinnen und Schülern begegnet in der vorgelegten Textpassage eine sowohl den Beginn als auch das Ende der Weimarer Republik kennzeichnende Situation, nämlich eine mit Waffengewalt geführte Auseinandersetzung zwischen rechten (hier: einem Nationalsozialisten) und linken (hier: einem Kommunisten) politischen Kräften. Vorgesehene Zeit ca. 30 Minuten.

PA

ARBEITSBLATT 5a

➤ S. 49 f.

In *Abend über Potsdam* erscheinen derartige Auseinandersetzungen in den Berichten Lise Henkels und den Erwiderungen Ernst Roses: »Wir reden hier über die übelsten Schlägertypen von Berlin und wenn dieses Mädel mit einem Sturmtrupp übern Rummel marschiert, ist das politisch. [...] Willst Du mir hier erzählen, dass die SA friedliche Pfadfinder sind, die von neidischen bolschewistischen Bestien angegriffen werden? [...] Eine Truppe, welche die öffentliche Ordnung massiv zerstört, um sich dann als Retter der öffentlichen Ordnung anzubiedern? Rechtfertigst du den Straßenterror?« (50,30–51,18). Tatsächlich positioniert sich der Protagonist Fabian nicht derart eindeutig, wie es Ernst Rose tut: Beide im Roman Beteiligten werden gleich behandelt, beide Beteiligten erfahren dieselbe Form der Hilfeleistung, müssen gar im selben Taxi nebeneinander sitzen, während sie ins Krankenhaus gebracht werden, und beide Beteiligten müssen sich dieselbe ›Strafpredigt‹ anhören. Dessen ungeachtet ist jenseits der primären Intention, den politischen Konflikt friedlich zu lösen (die beiden Streitenden werden von Labude entwaffnet), durchaus eine Bewertung zu erkennen: So ist die Heiterkeit Fabians, als er den »Steckschuß im Allerwertesten« (*Fabian*, S. 69) des Nationalsozialisten bemerkt, wohl ebenso wertend wie die eindeutig auf den Nationalsozialismus gemünzte ›Strafpredigt‹ am Ende der zitierten Passage: »Und daß man jetzt versucht, mit Hilfe der kalten Diktatur unhaltbare Zustände zu verewigen, ist eine Sünde, die bald genug ihre Strafe finden wird« (ebd., S. 70), die allerdings von Labude gesprochen wird. Die Lerngruppe könnte möglicherweise erkennen, dass – ähnlich wie am Ende von Szene 6 in *Abend über Potsdam* – zwischen den beiden politischen Kontrahenten keine »Verständigung möglich« (53,1 f.) ist: Jenseits der Beschimpfungen und Beleidigungen werden die Konflikte ausschließlich mit Gewalt und unheilvollen Drohungen gelöst: »Der Tag wird kommen, wo Ihnen das Lachen vergeht« (*Fabian*, S. 69).

Zum Hintergrund von Erich Kästners Roman *Fabian. Die Geschichte eines Moralisten* (1931): Dieser gilt heute als eines der Hauptwerke der Neuen Sachlichkeit und zugleich als eine der wichtigsten literarischen Auseinandersetzungen mit der späten Weimarer Republik. Der Roman setzt ein, wo das Drama *Abend über Potsdam* endet: Die erzählte Zeit des Romans erstreckt sich vom Jahr 1930 bis ins Jahr 1931. Protagonist des Romans (und in einigen Zügen Alter Ego des Autors) ist der studierte Literaturwissenschaftler Fabian, der sein Geld zu Beginn des Romans als Werbetexter verdient, schon bald aber (in der Nachfolge der Weltwirtschaftskrise) Arbeitsplatz und festes Einkommen verliert. Mit seinen restlichen Ersparnissen durchstreift er nun, in einer für die Neue Sachlichkeit typischen, gleichermaßen distanzierten wie sezierenden Haltung, die Metropole Berlin, die er als ›Irrenhaus‹ bezeichnet. Fabian lässt sich durch die Stadt treiben, gerät in zweideutige Künstlerateliers, eindeutige Verkaufshäuser einschlägiger Freuden, in die Arme einer unersättlichen Nymphomanin, dann seiner liebenswerten Zimmernachbarin, die ihn wegen eines Filmproduzenten verlässt. Bemerkenswert ist die Haltung des Protagnisten: Fabian beobachtet sich und seine deformierten Gegenüber, seziert eigene und fremde, ihn befremdende Befindlichkeiten, zweifelt und verzweifelt, lebt und lässt sich leben, wütet lachend gegen ein System, dessen Fehler er zu erkennen vermag und lacht wütend über sich selbst, dessen Fehler er nicht zu erkennen vermag. Ohne zu einer entschiedenen politischen Haltung, gar zu einer produktiven und zielgerichteten Tätigkeit zu gelangen, flieht er am Ende des Romans in einem Akt der Regression zu seinen Eltern ins heimatliche Dresden, wo er beim Versuch, einen ins Wasser gestürzten Jungen zu retten, als Nichtschwimmer ertrinkt.

5.2 Erarbeitung/Sicherung (1): Die männlichen Charaktere des Dramas (Szene 2 und Szene 5)

GA / UG

ARBEITSBLATT 5b
➤ S. 51
TAFELBILD 5
➤ S. 46

Unterrichtsschritt. Die Schülerinnen und Schüler erhalten das ARBEITSBLATT 5b ***Zu den Charakteren Ernst Rose und Bodo Imhoff.*** Die Klasse wird in 2 Gruppen geteilt. Die eine Hälfte der Klasse bearbeitet in Partnerarbeit Szene 2, die andere in Partnerarbeit Szene 5. Jede der beiden Gruppen erhält den Arbeitsauftrag, zunächst nach dem Konfliktpotenzial zwischen Lotte Laserstein und ihrem jeweiligen männlichen Gesprächspartner zu suchen. Im Anschluss daran werden die Charakterbilder Ernst Roses und Bodo Imhoffs in einem offenen Unterrichtsgespräch erarbeitet und in TAFELBILD 5 gesichert. Für den Unterrichtsschritt sollten etwa 30 Minuten geplant werden.

Erläuterungen. Das Vorhandensein von Lotte Lasersteins Gemälde »Abend über Potsdam« könnte den Schülerinnen und Schülern (im Anschluss an die vorangegangene Unterrichtseinheit 4) Anlass bieten, noch einmal über die aristotelische Einheit der Handlung zu reflektieren. Das Drama *Abend über Potsdam* wahrt diese, indem alle Szenen erkennbar auf ein im Vorab verbürgtes Ziel zukonstruiert sind – die Vollendung des Gemäldes »Abend über Potsdam«. Die elf Szenen des Dramas zeigen unterschiedliche Stadien der Entstehungsgeschichte. Indem demnach das »Was?« von Beginn an als bekannt vorausgesetzt werden kann (die Rezipienten wissen um die Fertigstellung des Gemäldes), verschiebt sich das Interesse auf das »Wie?«. Die unbestritten existente aristotelische Einheit der Handlung ist vor dieser Überlegung zu hinterfragen hinsichtlich jener kleinteilig partikulären Handlungsstränge, die die Konflikte des Dramas motivieren.

TAFELBILD 5

Zu den Charakteren Ernst Rose und Bodo Imhoff

Hübner/Nemitz: *Abend über Potsdam*, Szenen 2 und 5

Szene 2: Konfliktpotenzial Lotte Laserstein – Ernst Rose	**Szene 5: Konfliktpotenzial Lotte Laserstein – Bodo Imhoff**
• Konflikt um Wirkungsweise und Wirkungsmacht unterschiedlicher Kunstformen (Theater vs. Bildende Kunst) • Konflikt um den politischen Anspruch der jeweiligen künstlerischen Arbeit (Volkstheater vs. politisches Theater eines Erwin Piscator 19,15–21 / »Kaminschmuck« 20,6 f. vs. politische Kunst einer Käthe Kollwitz 19,29) • Fehlinterpretation des entstehenden Gemäldes Lotte Lasersteins: Frieden vs. Melancholie 21,22 ff.	• Konflikt um Bodo Imhoffs Tätigkeit beim *Völkischen Beobachter* (dem »Naziblatt«, 38,4) nach seiner Freistellung beim (liberalen) *Vossischen Tagblatt* • Kein Konflikt um den politischen Anspruch der künstlerischen Arbeit, stattdessen: Verständnis für Lotte Lasersteins nebenbei entstehende Brotkunst (»Kunst geht nach Brot«, 37,23) • Konflikt um den Antisemitismus des Nationalsozialismus • Konflikt um die Haltung des Nationalsozialismus zu den modernen Kunstströmungen der 1920er Jahre
Szene 2: Zum Charakter Ernst Roses	**Szene 5: Zum Charakter Bodo Imhoffs**
• 34 Jahre, Dramaturg • verheiratet (Traute Rose) • Intellektueller • der von seiner Kunst leben kann • kritischer Beobachter seiner Zeit • diskussionsfreudig, verletzend • mahnend, besorgt, verzweifelnd • Linksliberaler, Demokrat, Republikaner • Szene 1: Schmerzen »linke Hinterbacke« (17,21)	• 33 Jahre, Journalist • unverheiratet (Interesse an Maria Goldmann) • Intellektueller • der nicht von seiner Kunst leben kann • kritischer Beobachter seiner Zeit • anfangs diskussionsfreudig, später ausweichend • verharmlosend, beschwichtigend, lügend • als »Mietfeder« (37,29) Propagandist des Faschismus • Szene 1: Schmerzen im rechten Arm (17,19)

Die Schülerinnen und Schüler sollen zunächst für das Konfliktpotenzial sensibilisiert werden, das in nahezu jeder der Szenen zwischen Lotte Laserstein und ihren Modellen besteht. Gleichzeitig werden sie angehalten, Hinweise zu den Charakteren der beiden männlichen Figuren zusammenzutragen. Durch die Lehrkraft sind das offene Unterrichtsgespräch und das gleichzeitig entstehende Tafelbild dahingehend zu steuern, dass die anfänglichen Gemeinsamkeiten der beiden Figuren ebenso sichtbar werden wie deren im Verlauf des Stückes zunehmend antithetische Konstruktion. Eventuell kann dazu zunächst auf die Szene 1 und an früherer Stelle Erarbeitetes rekurriert werden (vgl. Kapitel 2).

5.3 Erarbeitung/Sicherung (2): Die männlichen Charaktere des Dramas (Szene 6)

UG

ARBEITSBLATT 5b ➤ S. 51

TAFELBILD 5 ➤ S. 46

Unterrichtsschritt mit Erläuterungen. Den Abschluss der Unterrichtseinheit bildet ein gemeinsames *close reading* der im Mittelpunkt des Dramas stehenden Szene 6, und zwar des Schlussteils (48,21–55,22). Auf die Bedeutung der Szene für die Tektonik des Dramas wurde in der vorangegangenen Unterrichtsstunde 4 verwiesen: Zum zweiten und letzten Mal trifft sich das gesamte Bühnenpersonal (mit Ausnahme Maria Goldmanns) im Atelier Lotte Lasersteins, mit dem Ausbruch des (primär politischen) Konflikts zwischen Ernst Rose und Bodo Imhoff ist die Peripetie des Dramas erreicht: Von hier an verliert sich der Freundes- bzw. Bekanntenkreis unter dem Druck des erstarkenden Faschismus. Im Anschluss an das ARBEITSBLATT 5b bzw. an das TAFELBILD 5 sollte das Hauptaugenmerk der Lehrkraft darauf gerichtet sein, wie die zwei ursprünglich aus einem ähnlichen intellektuellen Milieu stammenden männlichen Figuren zu politischen Gegnern werden. (Der Schluss der Szene 6 bildet auch die Klausuraufgabe in Kapitel 10 – es liegt daher im Ermessen der Lehrkraft, mit welcher Tiefe und welcher Präzision sie an dieser Stelle vorgehen will.)

Zum Charakter Ernst Roses: Ernst Rose, von Beruf Dramaturg, erscheint während des gesamten Dramas als genuiner Theatermensch, als eloquent, kritisch, klug, gebildet, als hellsichtiger Beobachter, der die Diskussion und die Kontroverse liebt, der keiner Diskussion aus dem Wege geht und keine Auseinandersetzung scheut. Im Verlauf der gesamten Szene wehrt sich Ernst Rose dezidiert gegen die Darstellungen Bodo Imhoffs, appelliert, was den Straßenterror der SA angeht, an dessen Verstand (51,9), weigert sich, die »Casinoballade vom aufrechten SA-Mann« (50,23 f.) und damit die heuchlerische Verharmlosung rechter Gewalt widerspruchslos zu akzeptieren, und benennt dabei die Positionen Bodo Imhoffs unmissverständlich als »Propaganda« (52,9) und als »Lügen« (52,10).

> »Mag man Lise die Naivität, mit der sie ihrem Richard die Nazi-Lügen abnimmt, noch glauben, so liegt bei Bodo die Sache anders. Er weiß natürlich, dass die SA nicht nur mal eben ›über die Stränge‹ (S. 51) schlägt oder dass es sich bei deren Straßenterror um ›Randerscheinungen‹ (S. 51) handelt, sondern seine Behauptungen haben nur ein Ziel: die eigene Wahrheit durchzusetzen, indem das Gespräch mit dem ›Demokrat[en]‹ (ebd.) Ernst unmöglich gemacht wird.« (Feuchert, »Nachwort«, S. 96 f.)

Das Reizwort ›Diskussion‹, das Traute Rose ihrem Mann gegenüber mehr unreflektiert als bewusst abwertend benutzt, sollten die Schülerinnen und Schüler als ein Keyword erkennen: Theater braucht den öffentlichen Diskurs, Demokratie die Diskussion: »Demokratie lebt vom Streit, von der Diskussion um den richtigen Weg« (Richard von Weizsäcker, ehemaliger Bundespräsident, 1920–2015). Insofern ist Ernst Roses Insistieren auf das ›Diskutieren‹ und die ›Diskussion‹ zu lesen als die Haltung eines wirklichen Demokraten – indem Demokratie zwingend die Freiheit des Andersdenkenden, die Toleranz gegenüber kontroversen Haltungen und insbesondere die Bereitschaft zum Kompromiss voraussetzt.

Zum Charakter Bodo Imhoffs: Bodo Imhoff, der als Journalist für den *Völkischen Beobachter* schreibt, vertritt die politischen Positionen des Nationalsozialismus. Er verteidigt den Straßenterror und die marodierenden SA-Truppen, indem er deren Gewaltpotenzial verharmlost; klischeehaft wiederholt er die Propaganda von der hohen Arbeitslosigkeit, dem Schandvertrag von Versailles, der Demütigung des Deutschen Reiches (51,21–26), um schließlich das Versagen der Demokratie zu konstatieren und – wenig überraschend – die Antwort des Faschismus zu formulieren: »[D]ie Demokratie ist am Ende, weil sie eine Regierungsform für Schönwetterzeiten ist. Im Sturm braucht es einen Kapitän, der sagt, wo es langgeht« (51,27–30). Ernst Rose kommentiert richtig: »Diktatur« (51,31). Manche Schülerinnen und Schüler könnten sich an das in Unterrichtsstunde 3 besprochene Bild von George Grosz, »Die Stützen der Gesellschaft« von 1926, erinnern: Dort wurde mit einer der dargestellten Figuren auf den rechtsnationalistischen Großverleger Alfred Hugenberg angespielt, der bereits 1928 formulierte: »Wir müssen den parlamentarischen Weg missbrauchen, um in die Machtstellungen des Staates zu kommen, mit der festen Absicht, eines Tages von diesen Machtstellungen aus das Parlament zu vernichten« (zit. nach: *Die Weimarer Republik. Deutschlands erste Demokratie*, hrsg. von Uwe Klußmann und Joachim Mohr, Bonn 2017, S. 12). In diesem Sinne muss Bodo Imhoff (wie alle bei Grosz ironisierten »Stützen der Gesellschaft«) als Demokratiefeind gelesen werden, der sich aktiv um deren Aushöhlung bemüht. Mit den Worten der österreichischen Dichterin Marie von Ebner-Eschenbach (1830–1916): »Nicht jene, die streiten, sind zu fürchten, sondern jene, die ausweichen.« Damit einhergehend ist ihm die von Lotte Laserstein 53,1 gewünschte und erhoffte »Verständigung« nicht mehr möglich (53,5–8).

Hausaufgabe

Lektüre der Szenen 7 bis 11 (*Abend über Potsdam*, S. 56–78) bzw. intensive Lektüre der Szenen 4 und 9 (S. 30–35, 65–70).

Erich Kästner: *Fabian. Die Geschichte eines Moralisten* (1931)

Auszug aus dem sechsten Kapitel

Erich Kästner,1961. – Nationaal Archief, Den Haag / CC0 1.0

»In diesem Augenblick hörten beide einen Schuß und einen Aufschrei, und kurz danach drei Schüsse aus anderer Richtung. Labude rannte ins Dunkel, die Brücke entlang, auf das Museum zu. Wieder klang ein Schuß. ›Viel Spaß!‹ sagte Fabian zu sich selber, während er lief, und suchte, obwohl sein Herz schmerzte, Labude zu erreichen.

Am Fuße des märkischen Roland kauerte ein Mann, fuchtelte mit dem Revolver und brüllte: ›Warte nur, du Schwein!‹ Und dann schoß er wieder über die Straße weg auf einen unsichtbaren Gegner. Eine Laterne zerbrach. Glas klirrte aufs Pflaster. Labude nahm dem Mann die Waffe aus der Hand, und Fabian fragte: ›Warum schießen Sie eigentlich im Sitzen?‹

›Weil mich's am Bein erwischt hat‹, knurrte der Mann. Es war ein junger stämmiger Mensch, und er trug eine Mütze. ›So ein Mistvieh!‹ brüllte er. ›Aber ich weiß, wie Du heißt.‹ Und er drohte der Dunkelheit.

›Quer durch die Wade‹, stellte Labude fest, kniete nieder, zog ein Taschentuch aus dem Mantel und probierte einen Notverband.

›Drüben in der Kneipe ging's los‹, lamentierte der Verwundete. ›Er schmierte ein Hakenkreuz aufs Tischtuch. Ich sagte was. Er sagte was. Ich knallte ihm eine hinter die Ohren. Der Wirt schmiß uns raus. Der Kerl lief mir nach und schimpfte auf die Internationale. Ich drehte mich um, da schoß er schon.‹

›Sind Sie nun wenigstens überzeugt?‹ fragte Fabian und blickte auf den Mann hinunter, der die Zähne zusammenbiß, weil Labude an der Schußwunde hantierte. [...]

Reclam Literaturunterricht 2024 Reclam Verlag / Holger Bäuerle

Plötzlich rief jemand ›Hallo!‹ Fabian öffnete die Augen und suchte den Rufer. Der lag auf der Erde, hatte sich auf den Ellenbogen gestützt und preßte eine Hand aufs Gesäß.

›Was ist denn mit Ihnen los?‹

›Ich bin der andere‹, sagte der Mann. ›Mich hat's auch erwischt.‹

Da stellte sich Fabian breitbeinig hin und lachte. Von der anderen Seite her, aus dem Gemäuer des Museums, lachte ein Echo mit.

›Entschuldigen Sie‹, rief Fabian, ›meine Heiterkeit ist nicht gerade höflich.‹ Der Mann zog ein Knie hoch, schnitt eine Grimasse, betrachtete die Hände, die voll Blut waren und sagte verbissen: ›Wie's beliebt. Der Tag wird kommen, wo Ihnen das Lachen vergeht.‹

›Warum stehst du denn da herum?‹ schrie Labude und kam ärgerlich über die Straße.

›Ach Stephan‹, sagte Fabian, ›hier sitzt die andere Hälfte des Duells mit einem Steckschuß im Allerwertesten.‹

Sie riefen den Chauffeur und transportierten den Nationalsozialisten ins Auto, neben den kommunistischen Spielgefährten. Die Freunde kletterten hinterdrein und gaben dem Chauffeur Anweisung, sie zum nächsten Krankenhaus zu bringen. Das Auto fuhr los.

›Tut's sehr weh?‹ fragte Labude.

›Es geht‹, antworteten die beiden Verwundeten gleichzeitig und musterten sich finster.

›Volksverräter!‹ sagte der Nationalsozialist. Er war größer als der Arbeiter, etwas besser gekleidet und sah etwa wie ein Handlungsgehilfe aus.

›Arbeiterverräter!‹ sagte der Kommunist.

›Du Untermensch!‹ rief der eine.

›Du Affe‹, rief der andere.

Der Kommis griff in die Tasche.

Labude faßte sein Handgelenk. ›Geben Sie den Revolver her!‹ befahl er. Der Mann sträubte sich. Fabian holte die Waffe heraus und steckte sie ein.

›Meine Herren‹, sagte er. ›Daß es mit Deutschland so nicht weitergehen kann, darüber sind wir uns wohl alle einig. Und daß man jetzt versucht, mit Hilfe der kalten Diktatur unhaltbare Zustände zu verewigen, ist eine Sünde, die bald genug ihre Strafe finden wird. Trotzdem hat es keinen Sinn, wenn Sie einander Reservelöcher in die entlegensten Körperteile schießen. Und wenn Sie besser getroffen hätten und nun ins Leichenschauhaus führen, statt in die Klinik, wäre auch nichts Besonderes erreicht. […]‹«

Erich Kästner: Fabian. Die Geschichte eines Moralisten. Roman. München: dtv, 2011. S. 66–70.

Arbeitsauftrag:

Dem Protagonisten von Erich Kästners Roman *Fabian. Die Geschichte eines Moralisten* (und mithin dem Autor selbst) ist immer wieder vorgeworfen worden, keine eindeutige politische Position einnehmen zu wollen und sich stattdessen auf den Standpunkt des Beobachters zurückzuziehen. In einer zentralen Passage des Romans geraten Fabian und sein Freund Labude in die Auseinandersetzung zwischen einem Nationalsozialisten und einem Kommunisten. Prüfen Sie den Vorwurf anhand der vorliegenden Textpassage.

2024 Reclam Verlag / Holger Bäuerle

ARBEITSBLATT 5b

Zu den Charakteren Ernst Rose und Bodo Imhoff

Hübner/Nemitz: *Abend über Potsdam*, Szenen 2 und 5

Szene 2: **Konfliktpotenzial Lotte Laserstein – Ernst Rose**	**Szene 5:** **Konfliktpotenzial Lotte Laserstein – Bodo Imhoff**
Szene 2: Zum Charakter Ernst Roses	**Szene 5: Zum Charakter Bodo Imhoffs**

Arbeitsaufträge:

1. Erarbeiten Sie das Konfliktpotenzial zwischen Lotte Laserstein und der jeweiligen männlichen Figur (Szene 2: Ernst Rose, Szene 5: Bodo Imhoff).
2. Sammeln Sie Informationen zur Charakterisierung der jeweiligen männlichen Figur, die sich aus den Szenen ableiten lassen.

2024 Reclam Verlag / Holger Bäuerle

6 »Ich und mein Modell.« Die Beziehung Lotte Lasersteins und Traute Roses untersuchen

Sachanalyse

Viele der Kunstwerke, die Lotte Laserstein (1898–1993) in den späten 1920er und frühen 1930er Jahren erschafft, belegen die enge Freundschaft und das enge Arbeitsverhältnis zwischen der Malerin und ihrem Modell Traute Rose. Freundin, Muse und unverzichtbare Mitarbeiterin ist Traute Rose (1903–1989) der Künstlerin, noch viele Jahre später spricht Lotte Laserstein gegenüber der nur wenig Jüngeren, die sie in ihren Arbeiten konsequent als die Neue Frau der Weimarer Republik inszeniert, von ›unseren Bildern‹ (ein Umstand, der auch bei Hübner/Nemitz anklingt, vgl. 35,26). »Mit großem schauspielerischen Talent begabt, war Traute Rose für Laserstein ein überaus inspirierendes Modell. Wenn auch stets in großer Porträtähnlichkeit erfasst, so posierte sie für die Freundin doch meist in bestimmten Rollen, sei es als madonnenhaft Schöne, wie in dem Bildnis *In Andacht* […], als kernige *Tennisspielerin* […] oder als modische Großstädterin wie in *Traute Rose mit weißen Handschuhen* […].«[1] Von besonderer Relevanz sind aus heutiger Sicht die Aktdarstellungen, die Lotte Laserstein von Traute Rose anfertigt und mittels derer sie sich als Frau in einem kunsthistorisch nahezu ausschließlich männlich dominiertem Genre positioniert und behauptet: »In meinem Atelier« (1928), »Vor dem Spiegel« (1930/1931) oder »Morgentoilette« (1930).[2] Zeitlebens belegt Lotte Laserstein die Freundin ebenso liebevoll wie herrisch mit dem Kosenamen ›Hundchen‹. »Der Kosename illustriert in anschaulicher Weise das wechselseitige Abhängigkeitsverhältnis zwischen Lotte Laserstein und ihrem Modell. So wie das ›Hundchen‹ der Malerin aufopferungsvoll […] zu Diensten war, war die Malerin doch auch unbedingt auf ihr Modell angewiesen.«[3] Wie im Text angedeutet (Szene 4, 33,17–31), absolviert Traute Rose in den frühen 1930er Jahren eine Ausbildung zur Fotografin. Spekulationen darüber, ob die Beziehung zwischen Lotte Laserstein und ihrem Modell über ein platonisches Verhältnis hinausging, lassen sich aufgrund der in Lotte Lasersteins Nachlass erhaltenen Briefe an Traute Rose nicht verifizieren.

Das Drama *Abend über Potsdam* greift die besondere Beziehung zwischen der Malerin und ihrem Modell an vielen Stellen auf. So finden die beiden – jenseits der zum Teil selbstsüchtigen Störungen, die von Lotte Laserstein ausgehen – immer wieder zu ihrem vertrauten und innigen Ton zurück: Es ist Traute Rose, die – wann immer Gesellschaften im Atelier Lottes beisammen sind – als letzte, nicht selten mit tröstenden Worten für die Freundin, von der Bühne geht. Auch die Momente körperlicher Nähe werden zumeist von Traute Rose inszeniert: »Soll ich dir den Nacken massieren?« (33,13), »Soll ich dir die Füße massieren?« (67,26), am deutlichsten im gemeinsamen Tanz zu Greta Kellers »Das Lied vom schwachen Stündchen«[4]: »Sie hören zu, sehen sich an, dann streckt Traute den Arm aus, Lotte reagiert nicht, Traute beginnt zu tanzen, Lotte sieht ihr eine Weile zu, dann kommt sie zu Traute, sie tanzen bis zum Ende des Liedes« (67,18–21). Auf unterschiedliche Weise werden beide Frauenfiguren von Hübner und Nemitz als Neue Frauen inszeniert: Lotte Laserstein als aufstrebende, durchaus selbstsichere und selbstbewusste Künstlerin, Traute Rose als modische Großstädterin mit eigenen Ambitionen, die – z. B. im Tanze – auch das Leichte, das Vergnügen und das Vergnügliche schätzt.

Die Schülerinnen und Schüler erarbeiten sich zunächst das Verhältnis zwischen den beiden historischen Frauenfiguren, daran anschließend das zwischen deren Realisation als Theaterfiguren. Gezeigt werden soll das durchaus spannungsreiche Verhältnis der beiden Figuren mittels einer Analyse der Kommunikationsstrukturen in Szene 4. Gegen die Szene 4 wird abschließend Szene 9 gelesen. Die Lerngruppe soll die Verknüpfung der beiden Szenen über deren Inhalte, Themen und Motive erkennen, insbesondere aber die Art und Weise, wie die beiden Figuren über ihre Differenzen hinweg zueinander finden und einander bis zum Schluss vertraut und verbunden bleiben.

Anne Stern beschließt das Nachwort ihres biografischen Romans *Meine Freundin Lotte* (2021) mit dem Bericht ihrer Recherche zu Traute Rose und Lotte Laserstein im Archiv der Berlinischen Galerie (wo der Nachlass Lotte Lasersteins verwaltet wird), bei der ihr eine Postkarte Traute Roses an Lotte Laserstein in die Hände kommt, »doppelseitig beschrieben aus dem

1 Anna-Carola Krausse, *Lotte Laserstein. Meine einzige Wirklichkeit*, 2., aktual. Neuaufl. Berlin 2022, S. 69.

2 Vgl. hierzu etwa Theresa Franke, »Der weibliche Blick«, in: *staedelmuseum.de* (7. 3. 2019), https://stories.staedelmuseum.de/de/lasersteins-weiblicher-blick-auf-den-akt (Stand: 4. 3. 2024).

3 Krausse (s. Anm. 1), S. 69.

4 Möglicherweise die einzige versteckte Anspielung des Autorenduos Hübner/Nemitz auf die nicht zu verifizierende Vermutung, Lotte Laserstein und Traute Rose habe ein homoerotisches Verhältnis verbunden (vgl. den Youtube-Hinweis in Unterrichtsschritt 6.3)

Jahr 1985 [...]. Traute legte sie einem Katalog für Lotte bei, spricht in dem kurzen Text von einem Treffen in Berlin – ›... muss erst die Müdigkeit überwinden‹. Dann beschließt sie das Briefchen. ›War schön mit Dir! Alles Liebe vom ...‹, und an Stelle einer Unterschrift findet man unten am Kartenrand ein sehr lebhaft gezeichnetes *Hundchen*.«[5] Traute Rose stirbt 1989, Lotte Laserstein 1993.

5 Anne Stern, *Meine Freundin Lotte. Roman*, Hamburg 2021, S. 365.

Unterrichtsverlauf

Überblick. Die Schülerinnen und Schüler erarbeiten sich die Beziehung zwischen Lotte Laserstein und Traute Rose. Den Impuls der Unterrichtseinheit bildet Lotte Lasersteins Gemälde »Ich und mein Modell« von 1929/1930; im Mittelpunkt der Unterrichtseinheit steht die Untersuchung der gleichermaßen spiegelsymmetrischen wie antithetischen Szenen 4 und 9 des Dramas.

Phase	Thema	Sozialform	Kompetenzen/Lernziele	Materialien
Voraussetzungen: Lektüre der Szenen 4 und 9, S. 30–35 bzw. S. 65–70				
6.1	Einstieg: Lotte Laserstein, »Ich und mein Modell« (1929/30)	PA / UG / LV	• Mittels einer Bildbetrachtung Figurenkonzepte erschließen	ARBEITSBLATT 6a ➤ S. 60
6.2	Erarbeitung/Sicherung (1): Analyse der Kommunikation in Szene 4	EA / PA / UG	• Verbale und nonverbale Kommunikationsstrategien erkennen und analysieren	ARBEITSBLATT 6b ➤ S. 61 TAFELBILD 6a ➤ S. 56 TAFELBILD 6b ➤ S. 57 VORLAGE 6 ➤ S. 58
6.3	Erarbeitung/Sicherung (2): Abgleich der Szenen 4 und 9	UG	• Wechselseitige Spiegelungen erkennen und bewerten	TAFELBILD 6c ➤ S. 59
HA	Intensive Lektüre der Szenen 3 und 8			*Abend über Potsdam*, S. 23–29, 57–64

6.1 Einstieg: Lotte Laserstein, »Ich und mein Modell« (1929/30)

Unterrichtsschritt. Die Schülerinnen und Schüler erhalten das ARBEITSBLATT 6a ***Lotte Laserstein: »Ich und mein Modell« (1929/30)***. Die Ergebnisse der Partnerarbeit werden in einem offenen Unterrichtsgespräch gesammelt und von der Lerngruppe eigenverantwortlich gesichert. Sinnvoll kann ein Impulsvortrag der Lehrkraft sein, um der Lerngruppe die besondere Beziehung der beiden Frauen zu verdeutlichen (vgl. die Sachanalyse). Begleitet werden kann der Impulsvortrag durch einen Blick auf einige der dort aufgeführten Arbeiten Lotte Lasersteins. Der Unterrichtsschritt sollte ca. 20 Minuten Zeit in Anspruch nehmen.

PA / UG / LV
ARBEITSBLATT 6a
➤ S. 60

Erläuterungen. Lotte Laserstein hat mehrere Doppelporträts von sich und Traute Rose geschaffen – und dabei immer wieder auch Arbeitssituation und Entstehungsprozess der Werke zum Inhalt der Bilder gemacht. Möglicherweise kann die Lehrkraft in digital gut ausgestatteten Klassenzimmern als weiteres Beispiel eines der folgenden Gemälde zur Veranschaulichung zeigen: »Zwei Mädchen« (1927), »Vor dem Spiegel« (1930/31), »In meinem Atelier« (1928). Das Gemälde »Ich und mein Modell« (1929/30) bildet einen Höhepunkt der Zusammenarbeit zwischen Lotte Laserstein und Traute Rose. Es wird in seiner Entstehung von Lutz Hübner und Sarah Nemitz in *Abend über Potsdam* aufgegriffen. In Szene 4 entwickelt Lotte Laserstein gemeinsam mit Traute Rose die Bildidee:

LOTTE. […] Ich habe auch schon eine Bildidee. Willst du sie hören?
TRAUTE. Ja.
(Lotte rollt einen Standspiegel heran, schiebt eine kleine Staffelei heran, zieht einen weißen Malerkittel an, nimmt einen Pinsel in die Hand.)
Und ich?
LOTTE. Stell dich hinter mich. Näher. Kannst du deinen Pullover ausziehen?
(Traute zieht ihren Pullover aus.)
Nicht in den Spiegel sehen, sieh mir über die Schulter auf das Bild. Leg die Hand auf meine Schulter. Ist das gut?
TRAUTE. Für mich ja, für dich?
LOTTE. Ja. Sehr. Einen Moment so halten, dann kann ich es mir einprägen. Kannst du dir das auch merken?
TRAUTE. Ja.
(Freeze, eventuell eine Projektion des Gemäldes auf dem Bildträger. […])
[…]
LOTTE. Wir werden dieses Bild von uns beiden malen, ja? (34,5–35,26)

Zu den Arbeitsaufträgen: Die Zusammenstellung des Titels sollte von den Schülerinnen und Schülern bemerkt werden: Ebenso pointiert wie exponiert steht das »Ich« (Lotte Laserstein) als (agierendes) Subjekt und erstes Wort des Titels, während das Modell (Traute Rose) nachgestellt wird und passiv erscheint. Verstärkt und verschärft wird der Kontrast durch das gleichermaßen besitzanzeigende wie besitzergreifende Possessivpronomen »mein«, das durch die Alliteration dezidiert an das Modell geknüpft ist. Die spürbare Egozentrik des Titels, welche die Freundin in eine mehr als nur sprachliche Abhängigkeit von der Künstlerin versetzt, greifen Hübner und Nemitz im Verlauf von Szene 4 auf, wenn die Bühnenfigur Lotte Laserstein voller Unverständnis auf die Selbstverwirklichungspläne Traute Roses reagiert, die eine Ausbildung zur Fotografin anstrebt: »Aber dann hat es nichts mit mir zu tun« (34,1).

Das Büstenporträt zeigt die beiden Freundinnen in einem stilisierten Moment großer Vertrautheit: Während die Malerin in den Spiegel blickt (und damit direkt zum Betrachter bzw. zur Betrachterin), legt ihr Traute Rose in einer sanft anmutenden Bewegung die Hand auf die Schulter und sieht auf das entstehende Bild. Obwohl beide Frauen als Neue Frauen inszeniert sind (ausgeprägter allerdings Traute Rose), folgt die Arbeit der ikonographischen Konvention der Musendarstellung und gestaltet folgerichtig ein erkennbar dichotomes Verhältnis der beiden Figuren. Neben der durchaus erotischen Darstellung Traute Roses (die nackte Haut, der von der Schulter herabrutschende Träger) wirkt Lotte Laserstein mit dem aufgestellten Kragen des Arbeitskittels eher spröde; von der Malerin scheinen große Kraft und Stärke auszugehen, während die Muse eher schutzbedürftig und nach Halt suchend scheint; verschlossen wirkt die eine, offen die andere; hart und sezierend ist der Blick der Malerin, weich und träumerisch der Blick Traute Roses. Sollte das hierarchisch strukturierte Rollenmuster zwischen Malerin und Muse auch im klassischen Sinne mit »für das Künstlerego konstitutiven sexuellen Konnotationen« (Krausse, *Lotte Laserstein*, S. 76) – in diesem Falle: homoerotisch – besetzt sein, kann das Blatt auch gelesen werden als eine für die 1920er Jahre nicht untypische Inszenierung modernen weiblichen Selbstbewusstseins bzw. weiblicher Sexualität (vgl. ebd.). Interessierte Lerngruppen könnten abschließend auf die Komposition des Blattes hingewiesen werden, der – ausgehend von den durch die Malerpalette geschobenen Fingern Lotte Lasersteins – die Form des Dreiecks zugrunde liegt: »In der Blickführung des Doppelbildnisses, die eine Dreiecksfigur ergibt, manifestiert sich die Eingebundenheit und die besondere Bedeutung, die Rose für das künstlerische Schaffen Lasersteins hatte: Der Blick der Malerin geht in den Spiegel, fällt dort auf das Modell, das seinerseits wiederum die Leinwand im Blick hat, auf der die Malerin das Spiegelbild malerisch realisiert. Auf diese Weise werden Sehen und Malen, jene beiden Tätigkeiten, aus denen das Kunstwerk hervorgeht, in einer geschlossenen Bewegungsfigur zusammengefasst« (ebd.).

EA / PA / UG

ARBEITSBLATT 6b
➤ S. 61
TAFELBILD 6a
➤ S. 56
TAFELBILD 6b
➤ S. 57
VORLAGE 6
➤ S. 58

6.2 Erarbeitung/Sicherung (1): Analyse der Kommunikation in Szene 4

Unterrichtsschritt. Im Zentrum steht die Kommunikationsanalyse eines Dialogausschnitts aus Szene 4 (32,28–34,2). Der Kontext der Stelle wird zunächst geklärt und in TAFELBILD 6a gesichert. Die Schülerinnen und Schüler bearbeiten dann das ARBEITSBLATT 6b ***Kommunikationsanalyse Szene 4: Lotte Laserstein und Traute Rose im Gespräch*** in Einzel- oder in Partnerarbeit. Die Ergebnisse werden in einem offenen Unterrichtsgespräch gesammelt und in TAFELBILD 6b bzw. auf dem ARBEITSBLATT 6b gesichert. Eventuell kann die Lehrkraft

Teile der Arbeitsschritte durch ein gemeinsames *close reading* ersetzen. Der Unterrichtsschritt wird beschlossen durch die Lektüre von VORLAGE 6 ***Autorengespräch Lutz Hübner / Sarah Nemitz zu »Abend über Potsdam«***. Insgesamt dürfen hierfür bis zu 45 Minuten Zeit in Anspruch genommen werden.

Erläuterungen. Der anspruchsvolle Unterrichtsschritt setzt bei den Schülerinnen und Schülern ein Wissen über Kommunikationsregeln bzw. Kommunikationsprinzipien voraus, erfordert eine Transferleistung hinsichtlich des Textauszuges aus Szene 4 und weiter eine funktionale Deutung der sprachlichen Gestaltung des Dialoges zwischen Lotte Laserstein und Traute Rose.

Im Anschluss an den Unterrichtsschritt 6.1 wird die Lerngruppe zunächst den übersteigerten Egoismus Lotte Lasersteins bemerken und – zu erwarten ist: negativ – bewerten. (Dieser Eindruck sollte am Ende des Unterrichtsschrittes durch die Lehrkraft aufgegriffen und dahingehend korrigiert bzw. geglättet werden, dass mittels der VORLAGE 6 auf die besondere Bedeutung des Kunstwerkes für die Künstlerin, auf deren außergewöhnlich angespannten emotionalen Zustand, nämlich: das Zusammenziehen aller Kräfte zur Vollendung des Gemäldes, gelenkt wird – dazu siehe unten.) Die Arbeitsphase der Schülerinnen und Schüler kann durch die Lehrkraft vorbereitet werden, indem die folgenden, für die Analyse von Dramen relevanten Arbeitsschritte gemeinsam geklärt werden.

- *Zum Kontext:* Dem Textauszug 32,28–34,2 gehen Handlungsstränge voraus bzw. folgen Handlungsstränge nach, welche für die Interpretation beachtet werden sollten. So beschäftigt sich Lotte Laserstein vor dem gewählten Textauszug mit einem Brief an den einflussreichen Kunsthändler Gurlitt, berichtet vom Tag ihres offenen Ateliers und von der Vermutung, Bodo Imhoff habe sich als Journalist dem *Völkischen Beobachter* verschrieben; nach dem Textauszug entwickelt Lotte Laserstein mit Traute Rose die Bildidee zu »Ich und mein Modell«, berichtet von der Wandlung Lises und unterschätzt (wie man heute weiß) abschließend die Bedeutung der Thüringer Landtagswahl für den Aufstieg der NSDAP. Insgesamt entsteht in Szene 4 das Bild einer überaus professionellen Künstlerin, die sich in einem schwierigen politischen Kontext zu positionieren und gleichzeitig die Vermarktung ihres Werkes voranzutreiben hat.
- *Zur Struktur:* Der gewählte Textauszug kann von den Schülerinnen und Schülern als ein zweigeteilter gelesen werden: Teil 1 reicht dabei von 32,28 bis 33,13, Teil 2 von 33,14 bis 34,2. Vereinfacht und schlagwortartig können die beiden Teile wie folgt gegeneinander ausdifferenziert werden: Teil 1 beschäftigt sich mit Lotte Lasersteins unvollendetem malerischen Werk (dem Gemälde »Abend über Potsdam«), Teil 2 mit Traute Roses in die Zukunft gerichteten Ambitionen, eine Ausbildung zur Fotografin zu absolvieren.
- *Zu den Redeanteilen:* Insgesamt belaufen sich die Redeanteile des vorliegenden Dialoges auf 21 Zeilen, die von Lotte Laserstein, und 15 Zeilen, die von Traute Rose gesprochen werden. Ob der erkennbar größere Redeanteil Lotte Lasersteins auch ein reales Machtverhältnis widerspiegelt, kann mit guten Lerngruppen hinterfragt werden.
- *Zu den Regieanweisungen:* Die wenigen vorhandenen Regieanweisungen gehen mit der vorgenommenen Zweiteilung einher. Insbesondere gilt dies für die bedeutsame gestische Handlung der Nackenmassage. Der Vorschlag Traute Roses, Lotte Laserstein den Nacken zu massieren, markiert die Schnittstelle (33,13 f.) zwischen den beiden Teilen und ist auch hinsichtlich der (in diesem Falle: nonverbalen) Kommunikation der beiden Frauen von besonderer Bedeutung (vgl. hierzu an späterer Stelle).

Die hier angestellten Vorüberlegungen können den Schülerinnen und Schülern zur Ergebnissicherung in Form von TAFELBILD 6a zur Verfügung gestellt werden.

Arbeitsaufträge zu Material 1: Die Schülerinnen und Schüler bemerken, dass sich insbesondere Lotte Laserstein in – häufig latent aggressiven – Du-Botschaften äußert, die zudem als durchaus provozierende rhetorische Fragen formuliert sind. Bereits der Beginn der gewählten Textpassage liefert ein exponiertes Beispiel:

> TRAUTE. Gut. Das kann ich verstehen.
>
> LOTTE. Nein, das kannst du nicht! Wie willst du das denn verstehen? Du weißt doch gar nicht, was es bedeutet, so etwas nicht zu Ende bringen zu können [...] (32,31–33,3).

Pointiert trifft hier der als Ich-Botschaft formulierte Versuch des Verstehens auf eine in Du-Botschaften formulierte Zurückweisung, die der Freundin auf rücksichtslose Weise nicht nur fehlende Empathie, sondern darüber hinaus auch fehlende intellektuelle Fähigkeiten attestiert. Verstärkt wird die Aggression Lotte Lasersteins durch die Alliteration auf den Buchstaben *d* (ausgehend von dem drei Mal benannten »du« 33,1 bzw. 33,2). Material 1 verweist darauf, dass sich eine kritisierte Person durch Du-Botschaften abgestempelt und abgewertet fühlen könnte. Das scheint Traute Rose in dieser Textpassage zunächst nicht zu tun. Dabei wiederholen sich die verbalen Attacken Lotte Lasersteins auch an anderer Stelle, vgl. z. B. 33,21 f., insbesondere aber 33,26 f.: »Was habe ich denn gesagt? Willst du dafür gelobt werden wie ein kleines Kind?« – und reichen in dieser Formulierung bis an den Rand der Beleidigung, die sich nur durch das selbstherrlich postulierte hierarchische Verhältnis zwischen Künstlerin und Muse erklären lässt. Nicht zufällig bricht Traute Rose in jenem Moment, in dem die verbale Kommunikation zu scheitern droht, auch den eine Brücke schlagenden nonverbalen Kontakt der Nackenmassage ab und entfernt sich körperlich von der Freundin (33,24). Im Anschluss an den Unterrichtsschritt 6.1. wird die Lerngruppe weiter den hier offen zu Tage tretenden Egoismus Lotte Lasersteins negativ bewerten:

TRAUTE. [...] Ich wollte nur etwas Eigenes beginnen.
LOTTE. Aber du arbeitest doch hier mit mir, ohne dich kann ich nicht arbeiten. Du musst wegen mir doch nicht ...
TRAUTE. Ich mache es für mich.
LOTTE. Aber dann hat es nichts mit mir zu tun. (33,28–34,1)

Trotzig und befremdlich regressiv vereinnahmt Lotte Laserstein die Freundin hier für ihre Zwecke. In merkwürdiger Inkohärenz vermag die Künstlerin der Freundin das nicht zuzugestehen, was sie für sich selbstverständlich in Anspruch nimmt: das Recht auf Selbstbestimmung, die Chance auf Selbstverwirklichung und damit einen dezidiert modernen, emanzipatorischen Impetus, wie er für die Neue Frau der 1920er Jahre typisch ist. In rücksichtsloser Egozentrik veranschlagt sie das eigene künstlerische Schaffen um ein Vielfaches höher als jenes der Freundin.

Arbeitsaufträge zu Material 2: Das Eisbergmodell postuliert, das jede Kommunikation aus einer bewussten, sichtbaren Sachebene und einer unbewussten, unsichtbaren Beziehungsebene besteht. Zu ersterer gehören (in diesem Falle die theatralisch realisierten) Worte und Taten, zu letzterer Gedanken, Gefühle, Absichten und Ziele der Kommunizierenden. ARBEITSBLATT 6b fordert die Lerngruppe auf, der unter der Oberfläche verborgenen Beziehungsebene in der vorliegenden Kommunikation nachzuspüren. Ausdifferenziert werden sollen demnach die Gedanken und Gefühle der beiden Freundinnen sowie deren Absichten und Ziele. Die Schülerinnen und Schüler könnten die folgenden Überlegungen anstellen (die parallel durch die Lehrkraft in TAFELBILD 6b gesichert werden).

TAFELBILD 6a

Kommunikationsanalyse Szene 4: Lotte Laserstein und Traute Rose im Gespräch
(*Abend über Potsdam*, 32,28–34,2)

Teil 1: 32,28–33,13	Teil 2: 33,14–34,2
Wesentlicher Inhalt des Gesprächs in Teil 1: • Lotte Lasersteins unvollendetes malerisches Werk • Lotte Lasersteins Gemälde »Abend über Potsdam«	**Wesentlicher Inhalt des Gesprächs in Teil 2:** • Traute Roses zukünftiges fotografisches Werk • Traute Roses bevorstehende Ausbildung zur Fotografin
Redeanteile: • Lotte Laserstein 11 Zeilen • Traute Rose 5 Zeilen	**Redeanteile:** • Lotte Laserstein 10 Zeilen • Traute Rose 10 Zeilen
Im Einzelnen berührte Themen: • Konzentration Lotte Lasersteins auf ihr Werk • Konflikt wegen des fehlenden Verständnisses Traute Roses für das Werk Lotte Lasersteins	**Im Einzelnen berührte Themen:** • Traute Roses bevorstehende Ausbildung zur Fotografin • Konflikt wegen des fehlenden Verständnisses Lotte Lasersteins für den Wunsch Traute Roses

Der Unterrichtsschritt wird beschlossen durch die Lektüre von VORLAGE 6 ***Autorengespräch Lutz Hübner / Sarah Nemitz zu »Abend über Potsdam«.*** Lutz Hübner und Sarah Nemitz schildern darin aus ihrer Perspektive Gründe für das Verhalten der Figur Lotte Laserstein, die den bisher gewonnenen Eindruck, die Malerin agiere ausschließlich egozentrisch, dahingehend korrigieren, dass sie die Schülerinnen und Schüler für die besondere politische, wirtschaftliche und emotionale Situation der Künstlerin sensibilisieren. Die Lehrkraft sollte in einem offenen Unterrichtsgespräch gemeinsam mit der Lerngruppe die wesentlichen Argumente des Autorenduos sammeln und sichern. Dazu zählen die Fokussierung Lotte Lasersteins auf das entstehende Werk, die Ausblendung aller störenden äußeren Umstände, die diffizile Position Lotte Lasersteins als Jüdin, als erste Frau, die an der Berliner Akademie der Künste angenommen wurde, und als freischaffende Künstlerin. Weiter sollten die Schülerinnen und Schüler die in Szene 4 (zumindest phasenweise) scheiternde Kommunikation zwischen Lotte Laserstein und Traute Rose richtig einordnen und bewerten. Der abschließende Unterrichtsschritt 6.3 führt diesen Gedanken aus.

TAFELBILD 6b

Kommunikationsanalyse Szene 4: Das Eisbergmodell
(Bestimmung der Beziehungsebene im Gespräch Lotte Laserstein – Traute Rose)

Gedanken und Gefühle Lotte Lasersteins:	Gedanken und Gefühle Traute Roses:
• Konzentration auf das eigene Werk • Sorge um das unvollendete Gemälde • Zusammenziehen aller geistigen Kräfte zur Vollendung des Gemäldes • Ausblendung aller ablenkenden »schlechten Nachrichten« (33,11) • Verlustangst hinsichtlich ihrer Muse Traute Rose • Zorn auf und latente Aggression gegen Traute Rose aufgrund deren eigener Pläne • Egoismus, Egozentrik	• Konzentration auf das (zukünftige) eigene Werk • Enttäuschung über die ablehnende Reaktion Lotte Lasersteins • Enttäuschung über die Abwertung und Zurücksetzung durch Lotte Laserstein • Enttäuschung über das fehlende Verständnis und die (nahezu beleidigenden?) Formulierungen Lotte Lasersteins • Beharren auf den eigenen künstlerischen Plänen
Absichten und Ziele Lotte Lasersteins:	**Absichten und Ziele Traute Roses:**
• Vollendung des Gemäldes »Abend über Potsdam« • Beibehaltung des Status quo, was die Zusammenarbeit mit Traute Rose angeht	• Konzentration auf »etwas Eigenes« (33,28) • Ausbildung zur Fotografin, ohne dass dies an ihrem Verhältnis zu und ihrer Mitarbeit am Œuvre Lotte Lasersteins Wesentliches verändert

6.3 Erarbeitung/Sicherung (2): Abgleich der Szenen 4 und 9

UG

TAFELBILD 6c ➤ S. 59 Internetzugang

Unterrichtsschritt mit Erläuterungen. Die Schülerinnen und Schüler haben als Hausaufgabe Szene 9 gelesen. In einem letzten Arbeitsschritt werden die Szenen 4 und 9 gegeneinander abgeglichen. Die Lerngruppe sollte bemerken, dass beide Szenen miteinander verknüpft sind und sich wechselseitig spiegeln, insofern als Themen, Motive und Handlungsstränge aus Szene 4 in Szene 9 aufgegriffen werden. Das Ergebnis wird in TAFELBILD 6c festgehalten. Gleichzeitig wird den Schülerinnen und Schülern die an die historische Realität angelehnte – in Szene 9 deutlicher als in Szene 4 gestaltete – Verbundenheit zwischen der Künstlerin Lotte Laserstein und ihrem Modell Traute Rose vor Augen geführt. Der in Unterrichtsschritt 6.2 entstandene Eindruck, die Beziehung zwischen Lotte Laserstein und Traute Rose sei eine zumeist konfliktbeladene und deren Kommunikation eine beständig vom Scheitern bedrohte, sollte korrigiert und ausgeräumt werden. Eventuell kann die Lehrkraft in diesem Zusammenhang auf den gemeinsamen Tanz zu Greta Kellers »Lied vom schwachen Stündchen« (s. 67,16–22; Text von Oskar Felix und Richard Bars, im Internet, etwa auf

VORLAGE 6

Autorengespräch Lutz Hübner / Sarah Nemitz zu *Abend über Potsdam*

»**Frage:** Maria Goldmann und Lise Henkel scheinen dynamische Figuren. Figuren, die sich im Verlauf des Dramas verändern. Lotte Laserstein empfinden wir an vielen Stellen zwar nicht unbedingt als statisch, aber auch nicht so stark in Veränderung begriffen wie andere Figuren. Eine Problematik hinsichtlich ihrer Figur ist, dass sie bestimmten Dingen ausweicht oder auszuweichen scheint: Sie hört lieber Schlager als Nachrichten, sie will nicht über tagesaktuelle Politik diskutieren und sie schätzt die politische Lage in Szene 4 falsch ein – was viele andere ebenfalls getan haben und was man ihr sicher nicht zum Vorwurf machen kann. Aber man hat doch beständig das Gefühl, dass sie sich in ihre Künstlerrolle zurückzieht und zugleich versucht, anderes auszublenden.

Sarah Nemitz: So haben wir das auf jeden Fall gemeint. So haben wir die Figur gesehen. Sie ist ja jemand, der sehr viel Energie und sehr viel Kraft braucht für dieses Bild. Und sie versucht tatsächlich alles, was sie dabei stört, auszublenden. Das ist ein Stück weit auch eine gewisse Künstleregomanie – die man braucht.

Lutz Hübner: Vielleicht kann man Lotte auch so beschreiben: Auf der einen Seite ist Goethe, der sagt, ich will die *Iphigenie* schreiben, als ob kein Strumpfwürker in Apolda Hungers leide. Im Sinne von: Lass mich mit dem Elend der Welt in Ruhe, ich habe etwas zu tun, etwas zu erschaffen. Das scheint zunächst ein unglaublich menschenverachtender Standpunkt, meint aber, dass man, lässt man sich zu sehr auf äußere Umstände ein, nicht mehr die Kraft hat, etwas Großes zu Ende zu bringen. Das zweite ist: Lotte Laserstein war Jüdin, sie war die erste Frau, die an der Akademie in Berlin genommen wurde, sie weiß von Anfang an, dass sie extrem angreifbar ist. In ihrer Lage kann sie entweder entscheiden, auf die Politik einzugehen oder bewusst einen Schritt zurückzutreten, um auf Abstand zu bleiben. Positioniert sie sich in den Diskussionen, die an ihrem Tisch geführt werden, begibt sie sich in eine ganz andere Gefahr als beispielsweise ein Ernst Rose. Sie weiß, was auf dem Spiel steht. Es ist leicht zu sagen: »Sei nicht so feige«, wenn man selbst weit weniger angreifbar ist.

Sarah Nemitz: Ich denke auch, dass sie wider besseres Wissen agiert, dass sie viel mehr mitbekommt, als sie den anderen und sich selbst eingestehen möchte. Wichtig ist, dass letztlich alles, was sie wahrnimmt, alles, was die Zeit, in der sie lebt, ausmacht – gleichsam subkutan – in ihrem Bild verarbeitet wird und dort seinen absolut gültigen Ausdruck findet.

Lutz Hübner: Man sagt ja, das Werk ist manchmal klüger als der, der das Werk erschaffen hat. In unserem Falle: die, die das Werk erschaffen hat. Jedes gute Werk hat Kassiber, oder bildlich gesprochen: Da sind unbemerkt U-Boote unterwegs, weil jede arbeitende Künstlerin immer auch ein Kind ihrer Zeit ist, mit allen ihren Ängsten und mit allen ihren Verdrängungen. Und wenn die Synapsen offen sind, wird dies erkennbar, ohne dass man mit erhobenem Zeigefinger zu sagen vermöchte: »Da hat sie jetzt einen Hinweis darauf geliefert.« Im Grunde schwimmt das mit. Im Grunde ist das ein Beifang.

Sarah Nemitz: Aber sie ist natürlich schon sehr in der Fokussierung auf das Werk – und das haben wir ja auch in einer Szene mit Traute Rose zu zeigen versucht, wenn Traute Rose zu ihr meint: »Ich werde jetzt Fotografin« und Lotte Laserstein antwortet: »Was hat das mit mir zu tun?« – und man denkt: ›Wie egoman kann man denn sein?‹ Es ist ja auch wirklich nicht sehr nett. Aber ich glaube, wenn sie diese Fokussierung nicht hätte, die eben auch gegen ihre Freunde gerichtet scheint, indem sie phasenweise die Empathie gegenüber ihr nahestehenden Personen verliert, würde sie dieses Werk wahrscheinlich nicht schaffen können.«

Autorengespräch Lutz Hübner und Sarah Nemitz zu *Abend über Potsdam*. Wahlfach Literatur und Theater, Kolping Bildungszentrum Heilbronn, Sozialwissenschaftliches Gymnasium. Ludwigsburg, 15. Juni 2023. – Mit Genehmigung von Lutz Hübner und Sarah Nemitz.

Worterläuterungen:

13 Iphigenie: Das Drama *Iphigenie auf Tauris* entstand 1779 in Prosa; für die erste Ausgabe seiner Werke setzt Goethe diese Fassung während seines Italienaufenthalts 1786 in Verse | **13 Strumpfwürker:** Strumpfwirker, Handwerker, der Strümpfe herstellt | **13 Apolda:** heutige Kreisstadt des mittelthüringischen Landkreises Weimarer Land, während der Goethezeit entwickelt sich die ursprüngliche Ackerbürgerstadt mit Strumpfmanufaktur und Glockengießerei zu einem frühen Industriezentrum | **25 subkutan:** unter der Haut (befindlich) | **28 Kassiber:** ein heimliches Schreiben oder eine unerlaubte schriftliche Mitteilung eines Häftlings an einen anderen Häftling oder an Außenstehende

Youtube, verfügbar: www.youtube.com/watch?v=loqEmSoqe6A, Stand: 19.4.2024) bzw. auf das Ende von Szene 6 oder das Ende des Dramas verweisen: Immer ist es Traute Rose, welche als letzte der *dramatis personae* die allein auf der Bühne zurückbleibende Lotte Laserstein verlässt, nie ohne dabei tröstende Worte für die Freundin zu finden.

TAFELBILD 6c

Abgleich der Szenen 4 und 9

Szene 4 (S. 30–35)	Szene 9 (S. 65–70)
Wesentliche Themen bzw. Handlungen:	**Wesentliche Themen bzw. Handlungen:**
• Formulierung des Gurlitt-Briefes • Bericht Lotte Lasersteins von ihrem offenen Atelier • Über Bodo Imhoff (Journalist beim *Völkischen Beobachter*)	• Konflikt Lotte Laserstein / Traute Rose • Egozentrik Lotte Lasersteins • Lotte Lasersteins unvollendetes Werk »Abend über Potsdam»
• Konflikt Lotte Laserstein / Traute Rose • Egozentrik Lotte Lasersteins • Lotte Lasersteins unvollendetes Werk »Abend über Potsdam« • Traute Roses zukünftiges Werk als Fotografin • Kein Kinderlob	• Traute Rose will Lotte Laserstein verlassen • Fertiges Bild »Ich und mein Modell« • Kein Kindertrost • Über Bodo Imhoff
• Nackenmassage • Traute Rose will Lotte Laserstein verlassen	• Greta Keller, »Das Lied vom schwachen Stündchen« • Tanz Lotte Laserstein / Traute Rose • Fußmassage
• Bildidee »Ich und mein Modell«	• Bildidee »Abend über Potsdam« • Besuch in Amsterdam, Rijksmuseum
• Über die Veränderung Lise Henkels • Poltische Fehleinschätzung Lotte Lasersteins	• Über das »Nazimädchen« Lise Henkel im gelben Kleid • Über die »Judasfarbe« gelb

Hausaufgabe

Intensive Lektüre der Szenen 3 und 8 (*Abend über Potsdam*, S. 23–29 bzw. S. 57–64).

ARBEITSBLATT 6a

Lotte Laserstein: »Ich und mein Modell« (1929/1930)

Lotte Laserstein, »Ich und mein Modell«, Öl auf Leinwand, 49,5 × 69,5 cm, 1929/30. The Bute Collection at Mount Stuart. – © VG Bild-Kunst, Bonn 2024

Arbeitsaufträge:

1. Informieren Sie sich online über Lotte Lasersteins Gemälde *Ich und mein Modell* von 1929/30.
2. Erstellen Sie eine stichwortartige Bildbeschreibung. Bedenken und bewerten Sie dabei auch den Titel des Bildes.

ARBEITSBLATT 6b

Kommunikationsanalyse Szene 4: Lotte Laserstein und Traute Rose im Gespräch

(*Abend über Potsdam*, 32,28–34,2)

Material 1: Ich-Botschaften formulieren	
Du-Botschaften: Wer sich seinem Gegenüber kritisch äußern will, verwendet oft unwillkürlich Du-Botschaften (»Das hast du falsch/schlecht gemacht«). Die eigene Meinung wirkt dann, als wäre sie objektiv wahr. Der Kritiker ist dadurch in der überlegenen Position, der Kritisierte erlebt die Kritik als Abwertung und reagiert häufig mit (innerem) Widerstand oder aggressiv.	**Gedanken und Gefühle Lotte Lasersteins:** **Gedanken und Gefühle Traute Roses:**
Ich-Botschaften: Wird die Kritik als Ich-Botschaft formuliert (»Ich persönlich finde es falsch/schlecht, was du getan hast«), ist sie als subjektive Meinung gekennzeichnet; der Kritiker stellt sich nicht über den Kritisierten. Das Gegenüber hat eine größere Freiheit, sich dazu zu verhalten, etwa die eigene Position zu erklären, sich zu wehren oder die Kritik aus eigener Einsicht als berechtigt zu akzeptieren.	**Ziele und Absichten Lotte Lasersteins:** **Ziele und Absichten Traute Roses:**
Material 2: Das Eisbergmodell	
Das Eisbergmodell ist ein Kommunikationsmodell aus der Pädagogik bzw. der Psychologie, das die verbale und nonverbale Kommunikation in zwei Ebenen unterteilt: 1. Die Sachebene (ca. 20 %) umfasst dabei die bewussten, rationalen und sichtbaren Informationen, die mit Worten ausgedrückt werden (hier: Taten, Worte, Körpersprache). 2. Die Beziehungsebene (ca. 80 %) umfasst die unbewussten, emotionalen (also irrationalen) und verborgenen (also unsichtbaren) Informationen, die nur unzureichend bzw. nicht übermittelt werden (hier: Gedanken, Gefühle, Ziele, Erfahrungen Absichten).	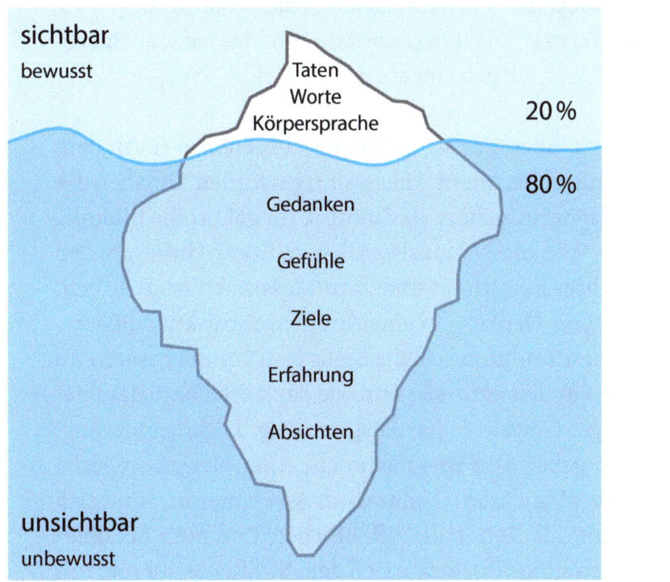

Arbeitsauftrag:
Untersuchen Sie die Kommunikation zwischen Lotte Laserstein und Traute Rose in Szene 4 (32,28–34,2). Wenden sie dazu zunächst das Material 1 auf die Kommunikation der Freundinnen an. Klären Sie weiter mittels des Eisbergmodells (Material 2) die unsichtbare (bzw. hier: unbewusste) Beziehungsebene zwischen Lotte Laserstein und Traute Rose. Fixieren Sie die letztgenannten Überlegungen in der rechten Spalte oben.

2024 Reclam Verlag / Holger Bäuerle

7 »Sie ist so schön … Diese Polackenhure.« Die antithetischen weiblichen Figuren charakterisieren

Sachanalyse

Am Ende imaginiert sie weinend ihre Zukunft: »Ich dachte, wie es wohl sein wird, in zehn Jahren das Bild anzusehen. Neunzehnhundertvierzig. Da bin ich dann schon Anfang dreißig. Was dann wohl ist? […] Oder wenn ich irgendwann als verhutzeltes altes Reff, was weiß ich, neunzehnhundertneunzig, mich sehe, wie ich da so sitze und an die Zukunft denke …« (74,17–25). Da hat Lise Henkel ihren Platz als exponierte Mittelfigur des Laserstein-Gemäldes längst eingenommen. Ihr Blick geht wie jener der anderen Figuren ins Leere, sie scheint zu ahnen, dass etwas zu Ende geht, dass es dämmert und Abend wird, dass Veränderungen bevorstehen, wohin aber ihr Weg – und jener der anderen Anwesenden – führt, ahnt sie nicht. Das Drama allerdings zeichnet diesen Weg vor. Das Gespräch zwischen Traute Rose und Lotte Laserstein in Szene 9 (70,3–17) umkreist das nahezu fertiggestellte Bild, dessen Mitte und damit auch die Telefonistin Lise Henkel:

> TRAUTE. Dann beende es. […]
> LOTTE. Mit einem kleinen Nazimädchen in der Mitte? Einem antisemitischen Balg, das einer der Gründe ist, dass du und Ernst gehen? Dann hätte ich nicht die Zukunft in der Mitte, sondern Judas.
> TRAUTE. Vielleicht ist das ja die Zukunft. […]
> LOTTE. Die Judasfarbe ist Gelb, das passt auch besser, ich gebe ihr ein gelbes Kleid. (70,3–17)

Zum Judas, zur Verräterin ist Lise Henkel (nach dem Neuen Testament, Lukas 6,16) geworden. Ihr aber, der Verräterin, gehört die Zukunft. Ihr gehört die Bildmitte. Wie die Nationalsozialisten Adolf Hitler als den Führer bezeichnet und zum Messias stilisiert haben, ist Lise Henkel – in einer unübersehbar kunsthistorischen Tradition – an die Stelle Jesu Christi gesetzt. Zu verkünden hätte sie, wäre sie dazu intellektuell in der Lage: Gewalt, Hass, Ausgrenzung, Diskriminierung. Umgeben von Braunhemden, einer »Truppe, welche die öffentliche Ordnung massiv zerstört, um sich dann als Retter der öffentlichen Ordnung anzubiedern« (51,15 ff.), hat sie sich dem Straßenterror und mit diesem der wetterleuchtend heraufkommenden ›neuen Zeit‹ angeschlossen. Nun spricht sie in den propagandistischen Filterblasen der Rechten, plappert von »Presselügen« (51,8), »hetzt gegen den Youngplan« (35,5), diffamiert und beleidigt Andersdenkende, Anderslebende – und hat dabei vollkommen vergessen, woher sie kommt: Die, die sich jetzt als eine normale Frau bezeichnet (73,3), die, die nun von sich behauptet »Wer nur das tut, was ihm gefällt, vernachlässigt seine Pflicht« (73,4 f.), die, die jetzt das rückwärtsgewandte Frauenbild des Nationalsozialismus lebt und verteidigt, hat noch vor kurzem »irgendwelchen grünen Jungs nachts am Wannsee einen geblasen« (35,11 f.) und das moderne, urbane, selbstbestimmte Leben einer Neuen Frau gelebt. »Ich war stolz auf dich. Auf dich und all die anderen schönen jungen Mädchen da draußen, die getan haben, was ihnen gefällt« (72,31 ff.), sagt Lotte Laserstein von ihr und über sie.

Anfangs ist Lise Henkel damit parallel zur Figur Maria Goldmann geführt. Auch diese ist ganz Neue Frau: Modell, schön wie der UFA-Star Camilla Horn (13,27), fälschlicherweise (aber durchaus passend) als Mannequin bezeichnet, von Männern umworben, und doch selbständig, selbstbestimmt und selbstverantwortlich. Bewunderung bringt ihr Lise Henkel entgegen, betrachtet sie mehrfach »fasziniert« (25,15), würde sich gerne so schminken können wie Maria (25,17 f.), sucht den Kontakt zu ihr. Und doch wirkt Maria Goldmann von Beginn an erwachsener, reifer: Während Lise Henkel ihr nächtliches Leben bei Tanztees und privaten Partys hinter dem Rücken ihrer Mutter plant, arbeitet Maria Goldmann, um sich und ihre kranke Mutter zu ernähren. Den anwesenden Männern gegenüber schlägt sie in Szene 1 einen Tonfall an, der einerseits Lise Henkel nicht zukommen würde, andererseits einen Hinweis auf Marias einschlägige Erfahrung und ihr von Beginn an präsentes, latent vorhandenes Aggressionspotenzial markiert.

Die Schülerinnen und Schüler erarbeiten sich in dieser Unterrichtsstunde, wie zwei (fiktive) deutsche Frauenschicksale der späten Weimarer Republik, die zu Beginn des Dramas demselben Lebensrhythmus folgen, einen diametral entgegengesetzten Ausgang nehmen. Exemplarisch werden auf diese Weise die Verwerfungen sichtbar, die unter dem Druck wirtschaftlicher Not zu einer zunehmenden Radikalisierung der Gesellschaft führen. An der Figur der Jüdin Maria Goldmann, ebenso dynamisch konzipiert wie Lise Henkel, erfüllt sich die Deformierung einer ganzen Gesellschaft durch den heraufziehenden Faschismus. Bereits in Szene 1 betritt sie die Bühne solitär und verspätet, in der großen Mittelszene ist sie nicht anwesend, indem ihr sozialer Abstieg längst begonnen hat. Als sie am Ende des Dramas noch einmal das Atelier Lotte Lasersteins besucht, ist sie »abgerissen« (57,7), »verwahrlost« (57,8), ausgehungert, ist sich nicht zu schade für einen Erpressungsversuch, für wüste Beschimpfungen und einen unverhohlen begangenen Diebstahl. Dabei changiert ihr Verhalten beständig zwischen offener Konfrontation und dem Eingeständnis ihres sozialen Abstiegs und ihrer Fehlerhaftigkeit. Anders als Lise Henkel träumt Maria Goldmann keine Zukunft für das Jahr 1940, gar für das Jahr 1990. Eine Passage wie die eingangs zitierte ist ihr nicht zugewiesen. Das ist kein Zufall: Ihre Zukunft heißt – aus heutiger Sicht – Auschwitz, Treblinka, Sobibor.

Unterrichtsverlauf

Überblick. Die eine Neue Frau, die Telefonistin Lise Henkel, wird zum »Nazimädchen« (70,4), zum »antisemitischen Balg« (70,5), zur Verlobten eines SA-Mannes und zur reaktionären Opportunistin; die andere Neue Frau, das Modell Maria Goldmann, eine jüdische Schönheit, wird zur Diebin, zur Prostituierten und versinkt in furchtbarer Armut. Die Unterrichtsstunde zeigt, wie Hübner und Nemitz an zwei jungen Frauen mit ähnlichen Anlagen eine antithetische Entwicklung exemplarisch entwerfen. Zwei dynamische Figuren markieren zwei deutsche Lebenswege, die unterschiedlicher nicht sein könnten. ! **Verkürzter Verlauf: 7.1 – 7.2 – 7.3 – 7.4**

Phase	Thema	Sozialform	Kompetenzen/Lernziele	Materialien
Voraussetzungen: Intensive Lektüre der Szenen 3 und 8, S. 23–29 bzw. S. 57–64				
7.1	Einstieg: Die Neue Frau	GA / UG	• Dem kulturhistorischen Phänomen der Neuen Frau nachspüren	ARBEITSBLATT 7a ➤ S. 72 f. ARBEITSBLATT 7b ➤ S. 74 f.
7.2	Erarbeitung/Sicherung (1): Zur Antithetik der Frauenfiguren	GA / UG	• Die unterschiedliche Entwicklung zweier ähnlicher Figuren erkennen	VORLAGE 7a ➤ S. 66 TAFELBILD 7 ➤ S. 67
7.3	Erarbeitung/Sicherung (2): Lise Henkel	PA / UG	• Mittels eines Außentextes den Charakter Lise Henkels untersuchen	ARBEITSBLATT 7c ➤ S. 76 f.
7.4	Erarbeitung/Sicherung (3): Maria Goldmann	PA / UG	• Mittels zweier Filmsequenzen den Charakter Maria Goldmanns untersuchen	ARBEITSBLATT 7d ➤ S. 78 ARBEITSBLATT 7e ➤ S. 79
7.5 **fakultativ**	Erweiterung: Instagram-Stories	GA / UG	• Figurenkonzepte der Lebenswelt der Lerngruppe anpassen	VORLAGE 7b ➤ S. 70 VORLAGE 7c ➤ S. 71
HA	Intensive Lektüre der Gurlitt-Monologe in den Szenen 4 und 7			*Abend über Potsdam*, S. 30 f. bzw. S. 56

7.1 Einstieg: Die Neue Frau

GA / UG

ARBEITSBLATT 7a ➤ S. 72 f.
ARBEITSBLATT 7b ➤ S. 74 f.
Internetzugang

Unterrichtsschritt. Die Schülerinnen und Schüler werden in zwei Gruppen (und innerhalb dieser möglicherweise in weitere Gruppen zu je 4–5 Personen) geteilt. Die eine Arbeitsgruppe bearbeitet ARBEITSBLATT 7a ***Brigitte Landes: »Die Neue Frau: Eine Idee der Zwanziger Jahre«***, die andere Arbeitsgruppe bearbeitet ARBEITSBLATT 7b ***Marlene Dietrich: »Ich bin von Kopf bis Fuß auf Liebe eingestellt«***. Beide Arbeitsgruppen lösen die jeweils auf ihrem Arbeitsblatt fixierten Arbeitsaufträge, sollten jedoch über die Texte bzw. Bilder der anderen Arbeitsgruppe verfügen. Die Schülerinnen und Schüler präsentieren ihre Ergebnisse in einem offenen

Unterrichtsgespräch. Die Ergebnissicherung kann in Teilen durch die Lehrkraft in Form eines Tafelbildes vorgenommen werden. Für den Arbeitsschritt sollten etwa 25 Minuten Zeit geplant werden.

Erläuterungen. Im Anschluss an Kapitel 3 (ARBEITSBLATT 3c) und das dort Erarbeitete nähern sich die Schülerinnen und Schüler dem Phänomen der Neuen Frau an, das wie kaum ein anderes für die Modernität und die Urbanität der Weimarer Republik steht. Sie tun dies, weil die beiden jungen weiblichen Figuren Maria Goldmann und Lise Henkel diesem Typus neuer Weiblichkeit in besonderem Maße folgen (für Traute Rose und Lotte Laserstein trifft dies im Übrigen ebenfalls zu – mit guten Lerngruppen kann diskutiert werden, inwiefern).

ARBEITSBLATT 7a, *Arbeitsauftrag 1:* Brigitte Landes fasst im Vorwort zu dem von ihr herausgegebenen Band *Auftritt: Die Neue Frau* eine Vielzahl von Merkmalen der Neuen Frau zusammen. So zum Beispiel:

- die Loslösung der Neuen Frau von traditionellen Rollenbildern
- das Vordringen in bis zu diesem Zeitpunkt Männern vorbehaltene Bereiche (in Beruf, Kunst, öffentlichem Leben)
- die wirtschaftliche (Teil-)Selbständigkeit der Neuen Frau
- die Androgynität der Neuen Frau und die damit verbundene Durchlässigkeit der Geschlechtergrenzen
- die neue Mode (kurze Röcke, kein einschnürendes Mieder), auch: die neue Haarmode (Bubikopf)
- den Glamour und den Glanz, der mit der Neuen Frau verbunden ist
- die angriffslustige Verteidigung des neugewonnenen Status durch Partizipation am öffentlichen Diskurs
- die staatsbürgerliche Gleichstellung in Form von aktivem und passivem Wahlrecht
- das Selbstbewusstsein, die Selbstbestimmung und Selbstverantwortung der Neuen Frau

ARBEITSBLATT 7a, *Arbeitsauftrag 2* bzw. ARBEITSBLATT 7b *Arbeitsaufträge 2 bis 4:* Die Schülerinnen und Schüler können erkennen, dass Marlene Dietrich tradierte Rollenbilder in vielfacher Hinsicht sprengt: In den vorgeschlagenen Bildern spielt sie modisch mit der für die Neue Frau typischen Androgynität, tritt mal im Smoking, mal als *femme fatale* auf. Der Moment, in dem sie als Lola Lola in Sternbergs *Der blaue Engel* das Lied »Ich bin von Kopf bis Fuß auf Liebe eingestellt« singt, ist ikonographisch zur Signatur der Epoche geworden: Nahezu skandalös lebt sie eine befreite neue Weiblichkeit vor, nicht ohne als ironisches Accessoire einen männlichen Zylinder zu tragen. Davon spricht auch der Text des Liedes, in welchem die Varietékünstlerin Lola Lola, die sich ihrer Wirkung auf Männer durchaus bewusst ist, die Liebe zum Kern ihrer Existenz erklärt. Neu an dieser Erklärung ist nicht nur das ausgeprägte Selbstbewusstsein eines Tingel-Tangel-Revuegirls, neu ist insbesondere die sexuelle Selbstbestimmung und die bereits im Vorab formulierte eindeutige Ankündigung, keinem Mann anzugehören (»Es lockt mich stets von neuem«), also: auch keinem Mann Ansprüche, gar Rechte über das eigene Leben zuzugestehen. Ganz im Tonfall der Neuen Sachlichkeit nimmt Lola Lola für sich in Anspruch, was Männern von jeher zugestanden wurde – und dies, dem Stil der Zeit folgend, ohne sich emotional zu involvieren.

ARBEITSBLATT 7a, *Arbeitsauftrag 3* bzw. ARBEITSBLATT 7b, *Arbeitsauftrag 5:* Zu Beginn des Dramas *Abend über Potsdam* gehören sowohl Maria Goldmann als auch Lise Henkel erkennbar dem Typus der Neuen Frau an. Maria Goldmann ist »Modell« (10,12), Lise Henkel Telefonistin. Maria Goldmann ist auffallend schön und wird deswegen von Lise Henkel mit der Schauspielerin Camilla Horn verglichen (13,27), Lise Henkel immerhin »apart« (14,2). Beide sind modebewusst, Lise Henkel fragt bei Maria Goldmann nach Schminktipps (25,16 ff.). Mindestens Lise Henkel führt – hinter dem Rücken ihrer Mutter – das Leben einer Neuen Frau: »Tanztee Europahaus, danach in der Eisenacher bei einer privaten Party« (13,1 f.) beschreibt sie in Szene 1 ihre nächtlichen Aktivitäten, später wird Lotte Laserstein formulieren: »Als sie noch erzählt hat, wie sie irgendwelchen grünen Jungs nachts am Wannsee einen geblasen hat, war sie amüsanter« (35,11 ff.) – und damit einen deutlichen Hinweis liefern, dass auch Lise Henkel sexuell selbstbestimmt agiert. Weiter könnten die Schülerinnen und Schüler erkennen, dass Lise Henkel das Leitmedium der Populärkultur der 1920er Jahre, das Kino, regelmäßig besucht. Mehrfach spricht sie in Filmzitaten und kennt natürlich Marlene Dietrichs zur Grundlage von ARBEITSBLATT 7b gemachtes Lied »Ich bin von Kopf bis Fuß auf Liebe eingestellt«, indem sie den *Blauen Engel* gesehen hat:

ERNST *(singt).* Ich bin von Kopf bis Fuß auf Liebe eingestellt, das ist meine Welt …
LISE. Haben Sie den gesehen? Ist der nicht spitze? (49,19 ff.)

Für beide Frauen könnte die Lerngruppe abschließend bemerken, dass sie am Ende des Dramas weit von den Idealen der Neuen Frau abgekommen sind: Maria Goldmann ist sozial abgerutscht und nun Prostituierte, Lise

Henkel ist verlobt mit dem SA-Mann Richard Mahlow und hat das rückwärtsgewandte, reaktionäre Frauenbild des Nationalsozialismus verinnerlicht: »Normale Frauen wollen irgendwann eine Familie haben. Zumindest in Deutschland ist das so. Wer nur das tut, was ihm gefällt, vernachlässigt seine Pflicht« (72,3 ff.).

7.2 Erarbeitung/Sicherung (1): Zur Antithetik der Frauenfiguren

Unterrichtsschritt. Die Schülerinnen und Schüler erhalten die VORLAGE 7a ***Stationenpuzzle Maria Goldmann / Lise Henkel*** und prüfen die dort aufgeführten Textpassagen. Es kann aus Zeitgründen hilfreich sein, die Lerngruppe in zwei Gruppen zu teilen: die eine Gruppe bearbeitet die Figur Maria Goldmann, die andere die Figur Lise Henkel. Im Mittelpunkt der Lektüre sollen dabei a) entscheidende Entwicklungsschritte der zu bearbeitenden Figur und b) das Verhältnis zur jeweils anderen Figur stehen. Die Ergebnisse werden in einem offenen Unterrichtsgespräch gesammelt und in verknappter Form durch die Lehrkraft in TAFELBILD 7 gesichert. Der Unterrichtsschritt kann ca. 25 Minuten Zeit in Anspruch nehmen.

GA / UG

VORLAGE 7a
➤ S. 66

TAFELBILD 7
➤ S. 67

Erläuterungen. Für die beiden männlichen Figuren Ernst Rose und Bodo Imhoff wurde in Kapitel 5 gezeigt, dass und wie sehr sie sich im Verlauf des Dramas auseinanderentwickeln, um in Szene 6, am Höhe- und Wendepunkt des Dramas, in einer erbitterten politischen Auseinandersetzung auf eine Weise aneinanderzugeraten, die keine Kommunikation mehr möglich macht. Bodo Imhoff verlässt die Bühne endgültig. Antithetisch angelegt sind auch die beiden Frauenfiguren Maria Goldmann und Lise Henkel. Auch sie geraten in Szene 8 aneinander, und auch hier verlässt Maria Goldmann die Bühne, um nicht wiederzukehren. Beide Frauenfiguren sind dynamische Figuren – im Verlauf des Dramas erfahren sie gravierende Veränderungen: hinsichtlich ihrer sozialen Stellung, hinsichtlich ihrer wirtschaftlichen Lage, hinsichtlich ihrer politischen Haltung. Dabei entwickeln sie sich gegenläufig: Dem sozialen Aufstieg der einen steht der soziale Abstieg der anderen gegenüber, der politischen Radikalisierung der einen steht der auf der anderen lastende Druck gegenüber, einer ausgegrenzten Minderheit anzugehören. Leistungsstärkere Lerngruppen können bei der Bearbeitung des Stationenpuzzles dafür sensibilisiert werden, dass die Szenen 3 und 8 zugleich spiegelsymmetrisch und antithetisch konstruiert sind (ähnlich wie es für die Szenen 4 und 9 bzw. die Beziehung Lotte Laserstein – Traute Rose in Unterrichtsschritt 6.3 gezeigt wurde).

Im Einzelnen könnten die Schülerinnen und Schüler die folgenden Beobachtungen anführen:

- Für die Expositionsszene 1: Beide Frauen werden als Neue Frauen in das Drama eingeführt. Die Telefonistin Lise Henkel erscheint übermüdet auf der Potsdamer Terrasse, weil sie in der Nacht zuvor – ohne das Wissen ihrer Mutter – zum Tanztee und danach auf einer privaten Party war (13,1 f.). Maria Goldmann wird den Anwesenden als Modell und (missverständlich, aber durchaus passend) als Mannequin vorgestellt. Unverhohlen ist anfangs Lise Henkels Bewunderung für Maria Goldmann: »Sie ist so schön. Wie Camilla Horn« (13,27). (Der Vergleich mit Camilla Horn erscheint in der Gegenszene 8 noch einmal, gilt aber dort – ein Zeichen ihres sozialen Aufstiegs – Lise Henkel, 73,12–18). Wie nahe Lise Henkel zu diesem frühen Zeitpunkt Maria Goldmann steht, wird möglicherweise auch dadurch angedeutet, dass Traute Rose sie als »goldrichtig« (12,8) bezeichnet und Lise damit dem Namen des Künstlermodells gleichführt. Zwar sind die beiden Frauen (was Alter und Präposition angeht) einander erkennbar angenähert, dessen ungeachtet nimmt Maria Goldmann in der Eröffnungsszene keine Notiz von Lise Henkel. »Fleisch ist billig. Menschenfleisch« (15,14) weist sie in Szene 1 Ernst Rose zurecht. Ob dies – ebenso wie die durch die Hunde entstandene Verunreinigung ihres Rockes – ein früher Hinweis auf ihren sozialen Abstieg und die Tatsache ist, dass sie sich prostituieren wird, kann von guten Lerngruppen thematisiert werden. In einem ähnlichen Kontext wäre weiter zu fragen, ob Maria Goldmanns nachträglich-solitäres Erscheinen einen Vorverweis auf ihre spätere Stigmatisierung als jüdische Mitbürgerin meint.
- Für die Szene 3: Lises Bewunderung für Maria Goldmann kennzeichnet auch das zweite Zusammentreffen der beiden Figuren in Szene 3 (»Lise beobachtet sie fasziniert«, 25,14 f.). Neu ist, dass Maria Goldmann Lise Henkel nun wahrnimmt (»Was ist, Mädchen?«, 25,16), und dass das Angebot, ihr Schminktipps zu geben, eine Annäherung an ihre Person, aus Lises Perspektive: eine Aufwertung ihrer Person bedeutet. Die allerdings dadurch relativiert wird, dass Maria Goldmann sie (ebenso wie Traute Rose, 49,15) als »Mädchen« bezeichnet (Lotte Laserstein wird sie gar mehrfach »Kindchen« nennen, 47,14, 63,28). Einen ersten Hinweis auf die fehlende Reflexionsfähigkeit Lise Henkels liefert ihre Frage, ob Lotte Laserstein eines ihrer Bilder »[a]n einen Deutschen« (24,19) verkauft habe, ein Fakt, den sie für unwahrscheinlich hält, indem ihre Arbeitskollegen klischeehaft verbreiten, dass im Dezember 1929 nur noch »Amerikaner oder Jude[n]« (24,24) über genügend Finanzkraft ver-

fügen, in Kunst zu investieren. Die für einen kurzen Moment spürbare homoerotische Annäherung von Lotte Laserstein und Maria Goldmann (26,2–5) findet ihren Reflex in Szene 8 (59,17–23 bzw. 61,5–11).

- Für die Szene 6: Maria Goldmann ist – als einzige Figur – in Szene 6 nicht auf der Bühne anwesend. Sie wird allerdings zum Gegenstand des Gespräches, wenn Bodo Imhoff sie (nach der dritten Frau des römischen Kaisers Claudius) Valeria Messalina (ca. 20–48 n. Chr.) nennt und sie damit – der Überlieferung folgend – als intrigante Nymphomanin diffamiert, (was vermutlich der Tatsache geschuldet ist, dass Maria Goldmann ihn bei seinem Annäherungsversuch im Anschluss an Szene 1 abgewiesen hat). An der in Szene 6 pointiert zu Tage tretenden Veränderung Lise Henkels demonstrieren Hübner und Nemitz die Deformation der deutschen Zivilgesellschaft durch den aufstrebenden Faschismus. Die einstige Neue Frau liebt nun den SA-Mann Richard Mahlow, hat sich auf die ihr eigene gedankenlose, unreflektierte Weise jener Schlägertruppe (und deren Überzeugungen) angeschlossen, »welche die öffentliche Ordnung massiv zerstört, um sich dann als Retter der öffentlichen Ordnung anzubiedern« (51,15 ff.). Mehrfach plappert sie die verqueren Verdrehungen nationalsozialistischer Propaganda nach, die sie – einen nicht zu unterschätzenden Teil der deutschen Bevölkerung repräsentierend – mehr verinnerlicht denn durchdrungen hat. An ihrem Verlobten entbrennt der politische Streit zwischen Ernst Rose und Bodo Imhoff, der die Gesellschaft spalten und fragmentieren wird.
- Für die Szene 8: Die Umverkehrung des Verhältnisses zwischen Maria Goldmann und Lise Henkel veranschaulicht die Etablierung der neuen politischen Machtverhältnisse: Der soziale Abstieg der jüdischen Schönheit geht einher mit dem sozialen Aufstieg der Verlobten eines SA-Mannes. Ihren Status als Neue Frauen haben beide Figuren verloren: Lise Henkel ist zur gefährlich-reaktionären Opportunistin geworden, Maria Goldmann zur Diebin und Prostituierten. Die einstige Faszination und Bewunderung schlagen am Ende der Szene um in Hass und Hetze. Für Maria Goldmann sollten die Schülerinnen und Schüler bemerken, wie »abgerissen« und »verwahrlost« (57,7 f.) ihre äußere Erscheinung nun ist; Lotte Laserstein meint, sie würde stinken und müsse sich waschen (61,14), auffällig sind weiter ihr Hunger und ihre Gier bei der Nahrungsaufnahme (58,16–31), der Erpressungsversuch um mehr Geld (60,4–11), die wüsten Beschimpfungen (59,29), der Diebstahl am Ende der Szene (62,27–31). Die »blaue[n] Flecken und entzündete Schürfungen an den Oberschenkeln und den Armen« (59,19 ff.) lassen sich als Indikatoren für eine (Massen-)Vergewaltigung lesen: »Es waren drei. Erst nur einer, plötzlich kamen noch zwei« (61,7 f.). Lise Hinkel hingegen begegnet Maria Goldmann – im Unterschied zu den früheren Szenen des Dramas – nun mit Vorbehalt und Misstrauen. Die einstige Brücke zwischen ihr und Maria Goldmann ist eingerissen:

  »MARIA. Du wolltest wissen, wie ich mich schminke. Ich erinnere mich.
  LISE. Das will mein Freund nicht« (62,17 ff.).

  Dem Diebstahl Marias kann sie nicht wie Lotte Laserstein mit Nachsicht begegnen (»Ist dir das Wort Mitgefühl geläufig?« 63,31), stattdessen beschimpft sie Maria Goldmann als »Nutte« (63,7), als »Polackenhure« (63,19), als »Judenhure[]« (64,4) und würde die Diebin gerne auf die Straße verfolgen (63,9) – es herrscht bereits Pogromstimmung.
- TAFELBILD 7 ***Sozialer Aufstieg Lise Henkels – sozialer Abstieg Maria Goldmanns*** versammelt das hier Dargestellte in verknappter Form. Die Lerngruppe sollte abschließend dafür sensibilisiert werden, wie sehr die – einander

VORLAGE 7a

Stationenpuzzle Maria Goldmann / Lise Henkel

Maria Goldmann
Szene 1: 13,4–26 / 16,5–20
Szene 3: 25,10–26,17 / 27,10–28,28
Szene 6: (nicht anwesend) 47,3
Szene 8: 58,9–64,5

Lise Henkel
Szene 1: 11,29–12,8 / 13,27–14,6
Szene 3: 24,15–25,2 / 25,10–21
Szene 6: 49,9–50,20 / 52,19–53,24
Szene 8: 58,9–64,5

Arbeitsaufträge:

1. Stellen Sie Szene für Szene die Entwicklungsschritte der jeweiligen Figur zusammen.
2. Beschreiben Sie Szene für Szene das Verhältnis zur jeweils anderen Figur.

TAFELBILD 7

Sozialer Aufstieg Lisa Henkels – sozialer Abstieg Maria Goldmanns

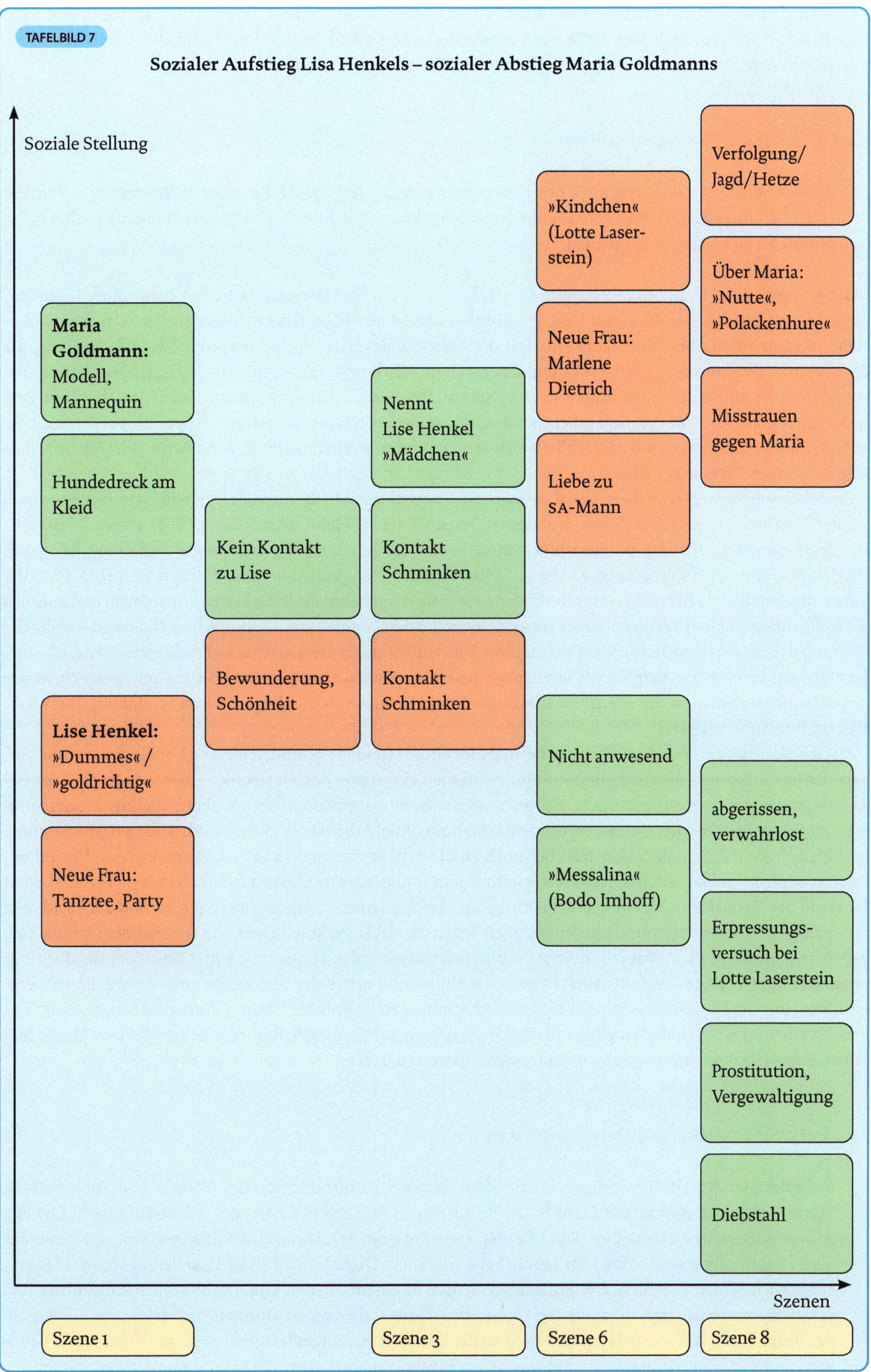

ursprünglich ähnlichen – Frauen sich auseinanderentwickelt haben. Sowohl, was ihre Sozialisation, ihre wirtschaftliche Lage, aber auch, was ihr Denken angeht: Es steht die Arierin gegen die Jüdin, die Kleinbürgerin gegen die in Armut verwahrloste, die Verlobte eines SA-Mannes gegen die Prostituierte.

7.3 Erarbeitung/Sicherung (2): Lise Henkel

PA / UG

ARBEITSBLATT 7c
➤ S. 76 f.

Unterrichtsschritt. Die Lerngruppe bearbeitet ARBEITSBLATT 7c ***Rolf Hochhuth: »Der Stellvertreter«*** in Partnerarbeit. In einem Unterrichtsgespräch werden die Ergebnisse gesammelt. Der Unterrichtsschritt sollte ca. 20 Minuten Zeit in Anspruch nehmen.

Erläuterungen. Rolf Hochhuths Schauspiel *Der Stellvertreter* wird bei seinem Erscheinen bzw. seiner Uraufführung 1963 aufgrund seiner Kritik am Heiligen Stuhl in Rom zum vielbeachteten Skandalstück. Das dem Dokumentartheater zuzurechnende Drama schildert die Versuche des fiktiven Jesuitenpaters Riccardo Fontana, das Oberhaupt der katholischen Kirche während des Zweiten Weltkriegs, Papst Pius XII., von der Deportation und Vernichtung europäischer Juden in Kenntnis zu setzen, ihm eine Haltung zu diesen Vorgängen abzuverlangen und dessen politische Intervention zu erzwingen. Als seine Bemühungen und sein Appell vergeblich bleiben, wählt Fontana den Märtyrertod und schließt sich den Deportierten an. Er stirbt in Auschwitz. Dort ist die Handlung des letzten Aktes angesiedelt.

Zu Arbeitsauftrag 1: Zwar nähern sich die Regieanweisungen Rolf Hochhuths der Darstellungsweise eines auktorialen Erzählers an (und sind demnach anders zu lesen als die bei Hübner und Nemitz überwiegend deskriptiven Regieanweisungen), dessen ungeachtet könnte bereits die Beschreibung von Helgas Äußerem (die »handliche[]« linke Brust) der Lerngruppe Anlass zu Widerspruch bieten. Vollends chauvinistisch werden die Schülerinnen und Schüler die Art und Weise empfinden, wie Helgas intellektuelle Fähigkeiten beschrieben und zugleich böswillig diffamiert und verallgemeinert werden: Sie reflektiere niemals, sei – wie alle jungen Frauen – völlig der Meinung derjenigen, die Eindruck auf sie machen, sei »vollkommen dressierbar«, »schmelzendes Material unter der Hand des Liebhabers«, dem sie wie ein Papagei nachplappere. Zu einer eigenen Haltung gelangen Frauen wie Helga demnach ebenso wenig wie zu einer eigenen Ethik. Reduziert wird Helga auf ihre Schönheit, ihre Weiblichkeit, ihre Triebhaftigkeit.

Zu Arbeitsauftrag 2: So befremdlich der Befund Hochhuths (und insbesondere dessen Verallgemeinerung jenseits der beschriebenen Bühnenfigur) anmutet, wird die Lerngruppe doch feststellen, dass Lise Henkel der Beschreibung Helgas durchaus entspricht: Schon bevor sie ihren späteren Verlobten Richard Mahlow kennenlernt, neigt sie zur politischen Irrlichterei, wenn sie die Haltung ihrer Arbeitskolleginnen und -kollegen übernimmt – zu diesem frühen Zeitpunkt immerhin aber noch zu hinterfragen vermag (24,15–25,2). Im späteren Verlauf des Dramas wird sie »vollkommen dressierbar«, gleich jenem für Helga formulierten »schmelzende[n] Material unter der Hand des Liebhabers«, Meinung und Haltung ihres faschistischen Freundes übernehmen und die Positionen nationalsozialistischer Propaganda gleichermaßen widerstandslos verinnerlichen wie unreflektiert nach außen tragen. Insbesondere ihr Auftreten in Szene 6 und ihre Auseinandersetzung mit Ernst Rose (der sie allerdings aufgrund ihrer fehlenden Intellektualität kaum ernst nimmt und sich in der Diskussion an Bodo Imhoff hält) entsprechen Hochhuths Ausführungen für Helga. Auch wenn es zu Beginn des Dramas durchaus Hinweise auf Lises ausschweifendes (?) Sexualleben gibt (vgl. etwa 35,3–13), scheint sie diesen Teil ihres Lebens (anders als die hier dargestellte Helga) mit ihrer Verlobung hinter sich gelassen zu haben.

7.4 Erarbeitung/Sicherung (3): Maria Goldmann

PA / UG

ARBEITSBLATT 7d
➤ S. 78
ARBEITSBLATT 7e
➤ S. 79
Filmsequenzen (Downloadmaterial)

Unterrichtsschritt. Die Lerngruppe erhält ARBEITSBLATT 7d ***Ausdrucksträger im Theater*** und ARBEITSBLATT 7e ***Maria Goldmann: Auszug aus Szene 8***. Die Schülerinnen und Schüler lösen die Arbeitsaufträge auf beiden Arbeitsblättern in Partnerarbeit. Die Filmsequenzen mit der Schauspielerin Fabienne-Deniz Hammer aus dem Downloadmaterial sollten der Lerngruppe auf einem Digital Board (oder in anderer geeigneter Form) zugänglich gemacht werden. Die Ergebnisse werden in einem offenen Unterrichtsgespräch diskutiert und selbstverantwortlich gesichert. Für den Unterrichtsschritt stehen ca. 20 Minuten zur Verfügung. Vor Beginn der Bearbeitung können – als Annäherung an die intensive Auseinandersetzung mit der Figur Maria Goldmann – die in Unterrichtsschritt 7.2 gewonnenen Ergebnisse noch einmal in Erinnerung gerufen werden.

Erläuterungen. Keine Theaterinszenierung gleicht der anderen. Es sind viele Variablen, die das szenische Spiel auf einer Bühne beeinflussen. Im einfachen Sinne kann es sich dabei nur um die Rahmenbedingungen der Spielstätte handeln (Größe der Bühne, Bühnenbild, technische Ausstattung wie z. B. Beleuchtung etc.) – zumeist aber entstehen unterschiedliche Darstellungen durch divergierende Intentionen bzw. Interpretationen der Regie, durch die immer einzigartige und individuelle Verkörperung der Figuren durch Schauspielerinnen und Schauspieler, durch unterschiedliche Realisationen der Bühnenfiguren hinsichtlich ihrer Gestik, Mimik, Proxemik, Sprache etc.

In einem ersten Unterrichtsschritt sollen die Schülerinnen und Schüler dafür sensibilisiert werden, wie viele Variablen bei der Gestaltung und der Ausdeutung einer Bühnenfigur bestehen. Dazu lesen und bearbeiten sie ARBEITSBLATT 7d. Im Anschluss daran soll das erarbeitete Wissen in einer Transferleistung auf zwei Filmsequenzen angewendet werden, in denen die Schauspielerin Fabienne-Deniz Hammer mögliche Ausdeutungen der Figur Maria Goldmanns anbietet (ARBEITSBLATT 7e). Die Schülerinnen und Schüler sollen erleben und erkennen, dass derselbe Theatertext – unterschiedlich gesprochen, gespielt, letztlich: interpretiert – zu einer gravierend anderen Ausdeutung einer Theaterfigur führen kann. Und weiter: Dass ein guter Theatertext gerade deswegen und gerade dann ein guter Theatertext ist, wenn dies möglich ist. (Wobei die Schülerinnen und Schüler dafür zu sensibilisieren sind, dass Offenheit nicht Beliebigkeit bedeutet, indem unterschiedliche Deutungen mit und am Text zu begründen sind.)

Zu ARBEITSBLATT 7d, *Arbeitsauftrag 2:* Die Schülerinnen und Schüler erkennen (und erproben im fakultativ und auf erhöhtem Niveau angesiedelten Arbeitsauftrag 3), dass die Vielzahl der variabel Einfluss auf das szenische Spiel nehmenden Ausdrucksträger dafür verantwortlich ist, dass keine szenische Darstellung der anderen gleicht. Weiter sollte die Lerngruppe bemerken, dass nahezu alle Ausdrucksträger von Regie und Schauspielerinnen bzw. Schauspielern beeinflussbar – und demnach einer künstlerischen Intention, letztlich: einer Interpretation unterworfen sind.

Zu ARBEITSBLATT 7e, *Arbeitsaufträge 3 und 4:* Die Schauspielerin Fabienne-Deniz Hammer spielt in den beiden Filmsequenzen (zu Szene 8, 57,1–61,19) zwei – klar voneinander zu unterscheidende – Ausdeutungen der Figur Maria Goldmanns. Beide Szenen legen das Bild einer Frau zugrunde, die (aufgrund ihrer wirtschaftlichen Not und ihrer Zugehörigkeit zu einer Minderheit) an den Rand der Gesellschaft gedrängt wurde, die darauf aber unterschiedlich reagiert: Version 1 zeigt eine Maria Goldmann, deren von Beginn an latent vorhandenes Aggressionspotenzial (vgl. etwa 16,6 ff. bzw. 16,15 ff.) nun in Wut und Aufbegehren gegen ihre Lage umschlägt; Version 2 hingegen eine Maria Goldmann, deren Verhalten beständig zwischen Unsicherheit, Scham, Verzweiflung und Momenten der Ab- bzw. Gegenwehr changiert. Die Schülerinnen und Schüler sollten dazu angehalten werden, a) dem Spiel Fabienne-Deniz Hammers präzise zu folgen, b) ihre Beobachtungen (mit Zeitangabe) schriftlich zu fixieren und c) ihre Interpretation des Spiels bzw. der Ausdeutung der Figur zu begründen. Die anschließende Entwicklung zweier Rollenbilder Maria Goldmanns geht aus von der jeweiligen Filmsequenz, sollte aber Belegstellen aus dem gesamten Drama in die Überlegungen mit einbeziehen.

7.5 Erweiterung: Instagram-Stories (fakultativ)

Unterrichtsschritt mit Erläuterungen. Der Lebenswelt der Schülerinnen und Schüler angenähert ist ein fakultativer Unterrichtsschritt: Die Lerngruppe erhält die Aufgabe, Instagram-Stories zu Lise Henkel und Maria Goldmann zu erstellen. Ähnlich dem Standbild-Bau (vgl. Unterrichtsschritt 2.4) fordert der Arbeitsauftrag die Schülerinnen und Schüler dazu auf, das Beobachtete bzw. Erarbeitete in einen zugleich handlungsorientierten wie prüfend-reflektierenden Prozess zu überführen. Indem die Schülerinnen und Schüler ihr Wissen über die Figuren und deren Entwicklung im Verlauf des Dramas auf eine ihnen vertraute Weise verbildlichen, klären sie ihr Verständnis der Figuren und stellen dieses der gesamten Lerngruppe zur Diskussion.

GA / UG

VORLAGE 7b ➤ S. 70

VORLAGE 7c ➤ S. 71

Hausaufgabe

Intensive Lektüre der Gurlitt-Monologe in den Szenen 4 und 7 (*Abend über Potsdam*, S. 30 f. bzw. S. 56).

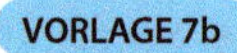

Insta-Story Lise Henkel

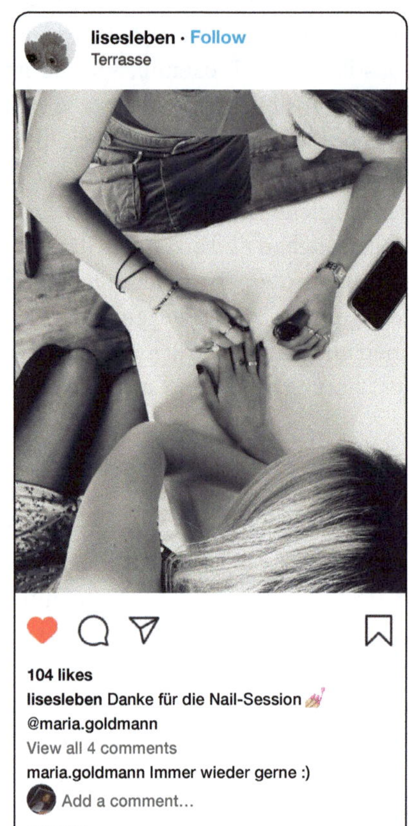

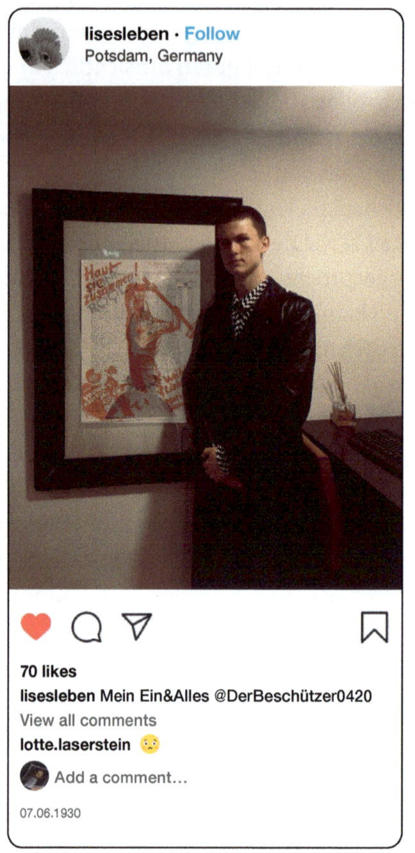

lisesleben · Follow
Potsdam, Germany

11 likes
lisesleben I said yes
@DerBeschützer0420
View all comments
Add a comment...
19.10.1930

Lise Henkel

VORLAGE 7c

Insta-Story Maria Goldmann

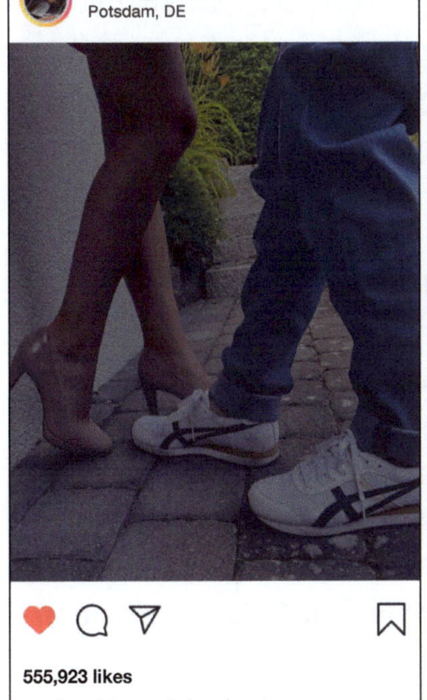

Maria Goldmann

Brigitte Landes: »Die Neue Frau: Eine Idee der Zwanziger Jahre«

»Sie tritt mit Vehemenz in Erscheinung, die Neue Frau, in einem Tempo, das die Zeit vorgibt, erlöst von traditionellen Rollenbildern, frei und selbstbewusst übernimmt sie bisher männliche Domänen – im Beruf, in der Kunst und im öffentlichen Leben. Sie bemächtigt sich der Requisiten exquisiter Männlichkeit, des Smokings, des Zylinders, des Monokels, der Zigarette und des Autos. Sie zieht den Boxhandschuh an oder macht wie Hanna Höch ›mit dem Küchenmesser DADA einen Schnitt durch die letzte wilhelminische Bierbauchepoche‹, wirft das einschnürende Mieder weg, schneidet Röcke und Haare ab. Sie löst Spott und Kontroversen aus, Skandale und Bewunderung. Sie lässt sich nicht mehr definieren, sondern definiert sich selbst, gründet Unternehmen, Kabaretts und Varietés. Sie bestimmt, wer und was sie sein will und prägt nicht zuletzt durch die Bilder der jungen Malerinnen, Fotografinnen, Redakteurinnen, Filmstars und -sternchen das glamouröse Bild der legendären zwanziger Jahre der Weimarer Republik.

Sie tritt in vielen Spielarten auf: als Girl, als Flapper, als Garçonne und als Dame.

Sie singt, tanzt, entwirft und ist Mode, sie ist angriffslustig und glänzt auf Bühnen und Magazincovern.

Ihre androgyne Erscheinung, auch als ›Vermännlichung‹ beargwöhnt, macht die Geschlechtergrenzen durchlässig, fließend wie die Unterhaltung und Kunst. Zum Mythos wird der Glamour, der Glanz, den sie dieser sich in Auflösung und Neugründung befindlichen, politisch unruhigen neuen Republik und der sich zur Weltmetropole entwickelnden Stadt Berlin verleiht. Sie wird zur Ikone der Goldenen Zwanziger, das Inbild für den Aufbruch in die Moderne, den ›Tanz auf dem Vulkan‹.

[…] Die Schriftstellerinnen in den Redaktionen schreiben über Mode, Kunst und Sport, über Autos und Männer, angriffslustig verteidigen sie ihren neu gewonnenen gesellschaftlichen Status. In ihren Romanen geben sie schnörkellos und alltagsnah, im Stil der ›Neuen Sachlichkeit‹ den ›kleinen Angestellten‹, denen der ›Glanz‹ versagt bleibt, eine Stimme.

Der Schritt in die Moderne war durch die formelle staatsbürgerliche Gleichstellung, das Wahlrecht, getan. Ein Befreiungsschlag, der das tradierte gesellschaftliche Muster von Ehe- und Mutterschaft als Fundament der Familie zunächst jedoch unangetastet ließ. Die jungen Frauen unterscheiden sich von den Vorkämpferinnen der Emanzipation, sie sind keine ›Blaustrümpfe‹, sie tragen den Bubikopf und sind von Kopf bis Fuß auf Mode eingestellt. – Aber Vorsicht: ›Die Mode ist eine Waffe im Kampf der Geschlechter‹ (Helen Hessel).«

Brigitte Landes: Die Neue Frau: Eine Idee der Zwanziger Jahre. In: B. L. (Hrsg.): Auftritt: Die Neue Frau. Berlin: Insel, 2022. S. 9–14, hier S. 9f.

Hübner/Nemitz, *Abend über Potsdam* Reclam Literaturunterricht 2024 Reclam Verlag / Holger Bäuerle

Worterläuterungen

5 Monokels: Sehhilfe, die aus nur einem Glas besteht, das vors Auge geklemmt wird, auch Kneifer oder Zwicker | **6 f. Hanna Höch:** 1889–1978; Malerin, Grafikerin und Collagekünstlerin des Dadaismus. Angespielt ist auf die Collage »Schnitt mit dem Küchenmesser. Dada durch die letzte Weimarer Bierbauchkulturepoche Deutschlands«, entstanden 1919. | **15 Girl:** gemeint ist der sportliche Typus der Neuen Frau | **15 Flapper:** die synonyme amerikanische Bezeichnung für die Neue Frau in den Metropolen der Ostküste | **15 Garçonne:** gemeint ist der knabenhaft-schmale Typus der Neuen Frau | **35 f. Blaustrümpfe:** im späten 18. und 19. Jahrhundert (in England) Bezeichnung für eine gebildete, intellektuelle Frau, die sich klassisch-weiblichen Rollenbildern verweigert, später abwertend gebraucht.

Arbeitsaufträge:

1. Exzerpieren Sie wesentliche Merkmale der Neuen Frau.
2. Bringen Sie den Text in Zusammenhang mit Marlene Dietrichs Lied »Ich bin von Kopf bis Fuß auf Liebe eingestellt« aus dem UFA-Film *Der blaue Engel* bzw. mit den weiter recherchierten Bildern von Marlene Dietrich (vgl. ARBEITSBLATT 7b).
3. Stellen Sie erste Zusammenhänge mit den Figuren Maria Goldmann und Lise Henkel her.

2024 Reclam Verlag / Holger Bäuerle

Marlene Dietrich: *»Ich bin von Kopf bis Fuß auf Liebe eingestellt«*

(Text und Musik: Friedrich Holländer, 1930. Für den UFA-Film *Der blaue Engel*. Regie: Josef von Sternberg.)

Marlene Dietrich singt das Lied in der Rolle der Varieté-Künstlerin Lola Lola.

»Ein rätselhafter Schimmer,
Ein ›je ne sais pas quoi‹
Liegt in den Augen immer
Bei einer schönen Frau.
Doch wenn sich meine Augen
Bei einem vis-a-vis
Ganz tief in seine saugen,
Was sprechen dann sie?

Ich bin von Kopf bis Fuß auf Liebe eingestellt,
Denn das ist meine Welt«
Und sonst gar nichts!
Das ist, was soll ich machen, meine Natur:
Ich kann halt lieben nur
Und sonst gar nichts!
Männer umschwirrn mich wie Motten das Licht,
Und wenn sie verbrennen, ja dafür kann ich nicht!
Ich bin von Kopf bis Fuß auf Liebe eingestellt
Denn das ist meine Welt
Und sonst gar nichts.

Was bebt in meinen Händen
In ihrem heißen Druck?
Sie möchten sich verschwenden,
Sie haben nie genug!
Ihr werdet mir verzeihen
Ihr müßt' es halt verstehn:
Es lockt mich stets von neuem,
Ich find es so schön!

Ich bin von Kopf bis Fuß auf Liebe eingestellt …«

Friedrich Hollaender / Marlene Dietrich: Ich bin von Kopf bis Fuß auf Liebe eingestellt.
In: Der ewige Brunnen. Deutsche Gedichte aus 12 Jahrhunderten.
Hrsg. von Dirk von Petersdorff. München: Beck, 2023. S. 202.

2024 Reclam Verlag / Holger Bäuerle

ARBEITSBLATT 7b (Seite 2 von 2)

Arbeitsaufträge:

1. Recherchieren Sie online Marlene Dietrichs Lied »Ich bin von Kopf bis Fuß« aus dem UFA-Film *Der blaue Engel*.
2. Analysieren Sie den Text des Liedes: Von was singt die Varieté-Künstlerin Lola Lola? Welches Verhältnis hat sie zur Liebe? Welches Verhältnis hat sie zu Männern? Was für ein Bild der Neuen Frau wird entworfen?
3. Recherchieren Sie online weitere Bilder Marlene Dietrichs:
   a) in männlicher Abendgarderobe
   b) in weiblicher Abendgarderobe
   c) in jenem (ikonographischen) Moment, in welchem sie im Film *Der blaue Engel* das Lied »Ich bin von Kopf bis Fuß auf Liebe eingestellt« vorträgt
4. Bringen Sie die gefundenen Bilder mit dem Text von Brigitte Landes (»Die Neue Frau: Eine Idee der Zwanziger Jahre«, ARBEITSBLATT 7a) in Zusammenhang.
5. Stellen Sie erste Zusammenhänge mit den Figuren Maria Goldmann und Lise Henkel her.

Hübner/Nemitz, *Abend über Potsdam* Reclam Literaturunterricht 2024 Reclam Verlag / Holger Bäuerle

Rolf Hochhuth: Der Stellvertreter

(Auszug aus Akt 5, Szene 2)

»Es wird während der ganzen Szene nicht hell, nur dämmerig. Die ›Wolke‹, sichtbar auf fast allen erhalten gebliebenen Zeichnungen von Häftlingen, lag ständig über Auschwitz, so wie der pestilenzartige Gestank brennenden Fleisches und wie die Myriaden von Fliegen, und sie beschäftigte auch die Bevölkerung der Umgegend und die Reisenden auf der Bahnstrecke Krakau-Kattowitz, die zu den Fenstern drängten, wenn der Zug am Lager vorüberfuhr. [...]

Das Bühnenbild ist durchaus gespenstisch traumhaft, könnte auch diese Wirklichkeit noch so ›real‹ vermittelt werden. Sparsame Andeutungen genügen:

Auf der Vorderbühne ganz links die Wachstube, an die sich rechts ein paar unmenschlich gepflegte Blumenbeete mit einer Bank anschließen. Die erhöhte Hinterbühne fällt nach rechts hinten leicht ab, so daß die Deportierten auf ihrem Wege zur nicht mehr sichtbaren Gaskammer möglichst lange sichtbar bleiben. [...]

Diese ganze Szenerie ist für Auschwitz nur dann charakteristisch, wenn der schaurige Hintergrund, Rauch und Feuer, ständig darüber lastet. Man muß spüren, daß diese triste Hütte mit dem Gärtchen hier vergleichsweise noch humane Fassade ist – eine Fassade, die aber mehr bloßstellt als verbirgt, was hinter ihr vorgeht.

Leider kann man sich nicht damit beruhigen, daß es Geistesgestörte oder Triebverbrecher gewesen seien, die ein Lager wie Auschwitz in Gang hielten. Normale Mitmenschen hatten hier ihren ›Arbeitsplatz‹. Um daran wieder zu erinnern, wollen wir ausführlich mit Helga beginnen.

Ein lauter, altmodischer Wecker klingelt. HELGA, eine SS-Nachrichtenhelferin (›Blitzmädel‹), stellt ihn sofort ab, wirft die Wolldecke zurück und richtet sich im Feldbett auf, sie war bei brennender Schreibtischlampe eingeschlafen. Sie ist ebenso jung wie apart und nur mit Turnzeug bekleidet: auf ihrem Hemd ist unter der handlichen linken Brust ein Sportabzeichen aufgenäht, und das weiße Höschen ist links oben mit schwarzen SS-Runen verziert. Vorläufig dreht sie den Beschauern aber noch ihren Rücken zu, dann kommt langsam das rechte, dann das linke Bein, sehr schöne nackte Beine, zum Vorschein, endlich steht sie vor dem Bett und fängt sofort an, traurig Hans Leips ›Lilimarleen‹ zu summen. Sie läuft barfuß zum Tauchsieder, stellt ihn in eine Kanne und holt sich dann von ihrem Drehstuhl an der Schreibmaschine die Strümpfe, die sie genußvoll anzieht, denn sie sind rar im vierten Kriegsjahr. Jetzt ist sie ganz wach und flink. Sie zieht nach der Bluse und dem

Hübner/Nemitz, *Abend über Potsdam* Reclam Literaturunterricht 2024 Reclam Verlag / Holger Bäuerle

schwarzen Schlips ihr halb männliches graues Kostüm an, das ihre Modejournal-Figur noch unterstreicht, schließt die Tür auf, schnuppert kurz hinaus in Nebel und Rauch und setzt sich dann ihr ›Schiffchen‹ ins blonde Haar. Ihr Nachtdienst ist um 7 Uhr zu Ende, also sehr bald. […]

Noch einiges über Helga. Die spezifisch weiblichen Fähigkeiten, völlig der Meinung derer zu sein, die auf sie Eindruck machen, und nichts zu sehen, was den Blick trüben könnte, hat sie nicht einmal besonders entwickeln müssen, da sie ihr, wie alles betont Weibliche, in solchem Maße angeboren sind, daß sie selbst Auschwitz ›in Ordnung‹ fände, wenn sie je darüber reflektiert hätte. Natürlich reflektiert sie niemals. […] Helgas Lieblingsbeschäftigung, wenn kein Mann sich mit ihr beschäftigt, ist es, davon zu träumen, daß sie weit weg von hier leben könnte, etwa in der Lüneburger Heide. Sie möchte nämlich eine treue und glückliche Braut sein, anstatt ihren Verlobten, einen schönen, aber einfallslosen Krematoriumsknecht im Leutnantsrang, immer wieder mit dem ›Doktor‹ zu betrügen, dem sie so völlig hörig ist, daß sie ein Höchstmaß an Angst und Skrupel überwindet, nur um mittags eine Stunde in seinem Bett zu sein. Sie haßt diesen Mediziner, weil sie seinem lasziven Charme ausgeliefert ist – und wie sie alles Böse und allzu Intelligente haßt. In ihrem Bedürfnis nach Reinheit und Anstand würde sie sogar das Abschlachten von Juden verabscheuen, wenn ihr je der Gedanke gekommen wäre, das könnte ebenso verwerflich sein wie etwa Ehebruch oder Abhören des englischen Rundfunks. Doch ist sie, wie fast alle jungen Mädchen, vollkommen dressierbar, nicht nur schmelzendes Material unter der Hand des Liebhabers, sondern wie auch viele Sekretärinnen […] nichts als Papagei ihres Chefs.«

Rolf Hochhuth: Der Stellvertreter. Ein christliches Trauerspiel.
Reinbek bei Hamburg: Rowohlt, 1967. S. 182–184. [Auszüge.]

Worterläuterungen

35 Lilimarleen: »Lili Marleen« ist ein Schlager von 1939, gesungen von Lale Andersen (1905–1972), der als Soldatenlied im Zweiten Weltkrieg überaus erfolgreich war. | **42 Schiffchen:** eine längliche (schiffsförmige) Uniformmütze.

Arbeitsaufträge:

1. Die Regieanweisung zur zweiten Szene des fünften Aktes aus Hochhuths *Der Stellvertreter* sind auf eine Weise frauenfeindlich, wie es mehr als sechzig Jahre nach dem Erscheinen bzw. nach der Uraufführung des Theaterstückes (1963 durch Erwin Piscator in Berlin) wohl nicht mehr möglich wäre. Zeigen Sie knapp die Chauvinismen der vorliegenden Textpassage.
2. Zeigen Sie Gemeinsamkeiten und Unterschiede der beiden Figuren Helga und Lise Henkel.

2024 Reclam Verlag / Holger Bäuerle

ARBEITSBLATT 7d

Ausdrucksträger im Theater

»Der Begriff **Ausdrucksträger** ist relativ kompliziert zu definieren. Zerlegt man ihn in seine Bestandteile, so wird deutlich, dass er einerseits künstlerischen Ausdruck und andererseits Gegenstände, Personen und mehr beschreibt, die diesen Ausdruck transportieren, also ›tragen‹.

Konkret bedeutet das im Theater: **Der Schauspieler selbst ist ein Ausdrucksträger.** Einen Sprechtext liest er nicht einfach monoton vor – mithilfe einer künstlerischen Idee macht er ihn lebendig. Er ›gestaltet‹ also seine Sprache, die damit zum Ausdrucksträger wird, weil sie das transportiert, was er denkt und fühlt.

Ein jedes szenische Spiel ist immer Zusammenwirken verschiedener Ausdrucksträger: In einer Rolle vereint sich etwa die Sprache des Schauspielers mit seiner Gestik und Mimik. Dabei entstehen **spezifische (Wechsel-)Wirkungen**.

Diese Zeichen, mit denen das Theater arbeitet, transportieren immer ›Bedeutung‹ […]. Insgesamt wird zwischen drei Klassen von Ausdrucksträgern unterschieden:

1. Spieler als Ausdrucksträger
2. akustische Ausdrucksträger
3. bühnenspezifische Ausdrucksträger«

Thomas A. Herrig / Siegfried Hörner: Darstellendes Spiel und Theater. Paderborn: Schöningh, 2012. S. 18 f.

Spieler/Spielerin als Ausdrucksträger	• Gestik • Mimik • Proxemik (Bewegung im Raum) • Stimme, Sprache • Maske, Kostüm
Akustische Ausdrucksträger	• Musik • Klang • Geräusche
Bühnenspezifische Ausdrucksträger	• Requisiten • Bühnenbild, Kulisse • Raum, Raumgestaltung • Licht, Lichtführung

Arbeitsaufträge:

1. Fassen Sie die Definition des theaterwissenschaftlichen Begriffes ›Ausdrucksträger‹ stichwortartig zusammen.
2. Überlegen Sie in Partnerarbeit, was die vielen – variablen – Ausdrucksträger für die konkrete Realisation eines Dramas auf der Bühne bedeuten.

*3. »Sie finden mich schön, oder? Ich […] kenne diesen Blick« (Maria Goldmann zu Lotte Laserstein, 59,22 f.). Sprechen Sie den Satz Marias mehrfach (an Ihre Sitznachbarin / Ihren Sitznachbarn gewandt) aus. Versuchen Sie dabei, ihm durch Mimik, Gestik und Stimme unterschiedliche Bedeutungen zu verleihen. Imaginieren Sie, welche Musik, welche Kleidung, welches Requisit ihre gewählte Intention unterstreichen könnte.

ARBEITSBLATT 7e

Maria Goldmann: Auszug aus Szene 8

Zwei Filmsequenzen. Schauspielerin: Fabienne-Deniz Hammer

Fabienne-Deniz Hammer spielt zweimal Maria Goldmann:

- Szene_8_Maria_Goldmann_1.mp4
- Szene_8_Maria_Goldmann_2.mp4

Fabienne-Deniz Hammer

- geb. 1997 Heilbronn
- 2016 Abitur am SG des Kolping-Bildungszentrums Heilbronn
- 2017–2021 Schauspielstudium an der Hochschule für Musik und Theater Hamburg
- In unterschiedlichen Produktionen auf deutschen Bühnen
- 2018–2019: Thalia Theater: *Hexenjagd*, Arthur Miller
- 2020 St. Pauli Theater: *The Suffering Channel*, David F. Wallace; *Medeamaterial*, (Medea) Heiner Müller; *Diebe*, Dea Loher; *Antigone*, Sophokles
- 2022–2024: festes Mitglied im Ensemble des Theaters Bielefeld
- Dort: *Die Alleinunterhalter*, Anna Jelena Schulte; *Kabale und Liebe* (Luise), Friedrich Schiller; *Der nackte Wahnsinn*, Michael Frayn; *Stolz und Vorurteil* (*oder so)*, Isobel McArthur nach Jane Austen
- Verschiedene Kurzfilmprojekte

Arbeitsaufträge:

1. Lesen Sie die Textpassage Szene 8 (57,1–61,19).
2. Sehen Sie sich die beiden Filmsequenzen an, in denen die Schauspielerin Fabienne-Deniz Hammer Maria Goldmann verkörpert.
3. Versuchen Sie die beiden Interpretationen der Figur, die Fabienne-Deniz Hammer vornimmt, gegeneinander auszudifferenzieren.
4. Entwickeln Sie davon ausgehend zwei unterschiedliche Rollenbilder für die Figur Maria Goldmann.

Reclam Literaturunterricht 2024 Reclam Verlag / Holger Bäuerle

8 »Ich stehe auf allen schwarzen Listen ganz oben.« Lotte Lasersteins gefährdete Künstlerexistenz erkennen

Sachanalyse

»Ich bin Jüdin. Ich bin eine berufstätige Frau. Ich bin alleinstehend. Ich bin eine der ersten Frauen, die auf der Akademie zugelassen wurden. Ich stehe auf allen schwarzen Listen ganz oben [...] ich bin Malerin« (54,23–55,2). Nur ein einziges Mal formuliert (die fiktive) Lotte Laserstein explizit das Spannungsfeld aus Hindernissen und Erschwernissen, in dem ihre Kunst entsteht – und das sie über weite Strecken des Dramas veranlasst, ihre politische Überzeugung nur mit Bedacht zu äußern. Das Amalgam aus politischen Verwerfungen, feministischen Positionen, aus Selbstbewusstsein und Selbstbehauptung, aus Zeitbeobachtung und Zeitzeugentum mag die historische Lotte Laserstein ebenso belastet haben wie es (erkennbar) die fiktive Lotte Laserstein des Dramas belastet – für Erstgenannte aber gilt, dass es ihrem Schaffen, letztlich: ihrem Werk zu einer bis heute exemplarisch gültigen Relevanz verholfen hat. Die exponierte Hängung des Gemäldes »Abend über Potsdam« in der Neuen Nationalgalerie Berlin[1] bezeugt, dass eine der herausragenden Malerinnen der Zwanziger Jahre – obgleich von Anna-Carola Krausse als »bekannte Unbekannte«[2] bezeichnet – längst wieder in das kollektive Gedächtnis der Kunstwelt zurückgekehrt ist.

Lotte Laserstein ist als einzige der *dramatis personae* in allen elf Szenen des Dramas *Abend über Potsdam* auf der Bühne und insofern mit jeder der anderen Figuren des theatralischen Spiels verbunden. Die Rezipienten erleben die Protagonistin entweder als eine Kunst Schaffende oder als eine über Kunst Reflektierende. »Meine einzige Wirklichkeit« hat die historische Lotte Laserstein ihre Kunst genannt[3] – und damit jenen Anspruch an ihre Existenz formuliert, dem die Schülerinnen und Schüler als Einstieg in die Unterrichtseinheit nachspüren. Für die historische Lotte Laserstein wird zunächst eine Auswahl ihrer Selbstporträts betrachtet, die zeigt, dass sich Lotte Laserstein in nahezu allen ihren Arbeiten dezidiert als Künstlerin präsentiert, positioniert und als solche von der Nachwelt verstanden und erinnert werden will. Die Relevanz, die Lotte Laserstein ihrem künstlerischen Schaffen beimisst, wirkt im Drama *Abend über Potsdam* weiter: So scheint sie an vielen Stellen des Dramas keinen Anteil an der aktuellen politischen Situation zu nehmen. Diese Abwehr alles Äußeren erklärt sich durch eine Bündelung aller ihrer Kräfte, ein Zusammenziehen aller Konzentration auf die Entstehung des Gemäldes »Abend über Potsdam«. Lotte Laserstein ist – das ist wichtig wahrzunehmen – weder als Charakter noch als Künstlerin unpolitisch, ihre klugen und klug formulierten Beobachtungen zeigen die ausgeprägte, feinfühlige Sensorik einer Kunstschaffenden, die für die Entwicklungen um sie her in hohem Maße empfänglich ist, die sie allerdings nicht beständig ›als Meinung vor sich herzutragen‹ (55,1 ff.) bereit ist, sondern – dem Mittelpunkt ihrer Existenz folgend – in Kunst verwandelt und in ihrem Werk verarbeitet. Ihre scheinbare Abkehr ist demnach nichts anderes als eine kompromisslose Konzentration auf ihre Kernkompetenz: die Kunst.

Am Ende des Dramas *Abend über Potsdam* verbleibt Lotte Laserstein allein mit dem Gemälde »Abend über Potsdam« auf der Bühne: »Traute geht. Lotte zieht sich die hochhackigen Schuhe wieder aus, setzt sich und betrachtet das Bild. Von unten hört man SA-Kampflieder, Lotte trinkt Sekt. Fade out. BLACK« (78,15–19). Zwar wollen die beiden Frauen, einem versöhnlichen Ende gleich, am nächsten Morgen gemeinsam nach Caputh, um sich »einen schönen Tag« (78,14) zu machen – und doch vermeint der Zuschauer zu erkennen, was Lotte Laserstein bevorsteht (nicht zuletzt, weil er es als Vorwissen mit in die Lektüre bzw. Theateraufführung bringt): Das Tableau am Ende des Dramas imaginiert die bevorstehende Vereinsamung, die Ausgrenzung, das Ausstellungsverbot, Exil und Emigration.[4] Für einen Moment könnte der Theaterbesucher bzw. die Leserin die Worte Bert Brechts in seinen »Gedanken über die Dauer des Exils« erinnern: »Sieh den Nagel in der Wand, den du eingeschlagen hast: / Wann, glaubst du, wirst du zurückkehren? / Willst du wissen, was du im Innersten glaubst?«[5]

1 Während der zur Wiedereröffnung der Neuen Nationalgalerie 2021 gezeigten Sammlungspräsentation *Die Kunst der Gesellschaft 1900–1945*.

2 Anna-Carola Krausse, *Lotte Laserstein. Meine einzige Wirklichkeit*, 2., aktual. Neuaufl. Berlin 2022, S. 9.

3 Und damit der derzeit einzig größeren Darstellung ihres Werkes zum Titel verholfen: vgl. Krausse (s. Anm. 2).

4 Die historische Lotte Laserstein erhält ab 1933 Ausstellungsverbot, im gleichen Jahr wird ihr die seit 1929 bestehende Mitgliedschaft im Vorstand des Vereins der Berliner Künstlerinnen gekündigt, 1935 muss sie ihre Malschule aufgeben. 1937 emigriert sie nach Schweden. Nach Deutschland kehrt sie nicht mehr zurück.

5 Bertolt Brecht, »Gedanken über die Dauer des Exils«, in: B. B., *Gesammelte Gedichte*, Bd. 2, hrsg. vom Suhrkamp Verlag in Zusammenarbeit mit Elisabeth Hauptmann, Frankfurt a. M. 1976, S. 719.

In einem Autorengespräch im Juni 2023[6] äußert sich Lutz Hübner zu der einschneidenden Bedeutung der Machtergreifung 1933 für die Künstlerin Lotte Laserstein (und damit auch zum Ende des Dramas): »Sie war ja nicht die einzige, die nach 1933 das Land verlassen musste – man hat dann zwar sein Handwerk bei sich, ist aber glaube ich sehr allein. Und das hat bei Lotte Laserstein auch sichtbare Konsequenzen für das Werk. Es gibt nach ihrer Emigration kein einziges Werk mehr, das die Qualität ihrer deutschen Arbeiten erreicht. Sie wird Porträtmalerin, hat Landschaften in Schweden gemalt, alles Werke, die schön anzusehen sind, aber es ist letztlich nicht mehr Zeitbeobachtung. Man merkt, dass sie raus ist aus dem, woraus sie die Kraft zum Arbeiten geschöpft hat. Das ist tatsächlich tragisch, denn sie hat noch mehr als 50 Jahre gelebt – und das eigene Werk um 50 Jahre zu überleben ist, meine ich, das grausamste, was einer Künstlerin oder einem Künstler passieren kann.« Als Lotte Lasersteins Werk 1987 wiederentdeckt und in einer (international beachteten) Einzelausstellung in der Agnew's und The Belgrave Gallery in London gezeigt wird (»Lotte Laserstein. Paintings and Drawings from Germany and Sweden, 1920–1970«), ist die Künstlerin, zusammen mit der Freundin Traute Rose, anwesend. Lachend soll sie bemerkt haben: »Zu spät …«[7].

6 Autorengespräch mit Lutz Hübner und Sarah Nemitz zu *Abend über Potsdam*. Wahlfach Literatur und Theater, Kolping Bildungszentrum Heilbronn, Sozialwissenschaftliches Gymnasium. Ludwigsburg, 15. Juni 2023.

7 Elke-Vera Kotowski, *Lotte Laserstein. Die Porträtistin der Neuen Sachlichkeit*, Berlin/Leipzig 2022, S. 50.

Unterrichtsverlauf

Überblick. Die Schülerinnen und Schüler nähern sich der Figur Lotte Laserstein auf mehrere Weisen an: Zunächst über die Betrachtung einer Reihe von Selbstporträts der historischen Lotte Laserstein, daran anschließend rückt die Fixierung der Dramenfigur auf das entstehende Gemälde »Abend über Potsdam« in den Mittelpunkt. Abschließend wird Lotte Lasersteins Selbstpositionierung als ambitionierte Künstlerin in den Gurlitt-Briefen der Szenen 4 und 7 gezeigt. Die Schülerinnen und Schüler sollen dafür sensibilisiert werden, dass alles Denken, Sprechen und Handeln der Bühnenfigur Lotte Laserstein immer auf deren Kunst bzw. deren Positionierung als Bildende Künstlerin ausgerichtet ist.

Phase	Thema	Sozialform	Kompetenzen/Lernziele	Materialien
Voraussetzungen: Intensive Lektüre der Gurlitt-Monologe, S. 30 f. bzw. S. 56				
8.1	Einstieg: Lotte Lasersteins Selbstporträts	PA / GA / UG	• Die Selbstdarstellung der historischen Lotte Laserstein prüfen	ARBEITSBLATT 8a ➤ S. 85
8.2	Erarbeitung/Sicherung (1): Konzentration auf das Werk	PA / UG	• Die Konfliktsituationen des Dramas erkennen und bewerten	VORLAGE 8 ➤ S. 83 ARBEITSBLATT 8b ➤ S. 86
8.3	Erarbeitung/Sicherung (2): Die Gurlitt-Briefe	PA / UG	• Funktion und Bedeutung der Monologe des Dramas erkennen und bewerten	ARBEITSBLATT 8c ➤ S. 87
HA	Lektüre ARBEITSBLATT 9a	EA		ARBEITSBLATT 9a ➤ S. 94 f.

8.1 Einstieg: Lotte Lasersteins Selbstporträts

PA / GA / UG

Unterrichtsschritt. Die Annäherung an die Theaterfigur Lotte Laserstein erfolgt über deren Selbstcharakterisierung am Ende von Szene 6 (54,21–55,3) bzw. die Betrachtung mehrerer Selbstporträts der historischen Lotte Laserstein. Dazu bearbeiten die Schülerinnen und Schüler das ARBEITSBLATT 8a ***Selbstporträts Lotte Lasersteins*** in Partner- oder Gruppenarbeit. Ziel des Einstiegs ist es, jenseits des an früherer Stelle Erarbeiteten (vgl. Kap. 2 und 6) Erkenntnisse hinsichtlich der Ausgestaltung der Figur Lotte Laserstein zu gewinnen.

ARBEITSBLATT 8a ➤ S. 85
Internetzugang

Der Unterrichtsschritt kann etwa 20 Minuten Zeit in Anspruch nehmen: 15 Minuten Recherche, Lektüre bzw. Bearbeitung der Arbeitsaufträge, 5 Minuten Sammlung der Ergebnisse im offenen Unterrichtsgespräch.

Erläuterungen. *Zu Arbeitsauftrag 3:* In der Bildenden Kunst meint der Begriff des Selbstporträts die Selbstdarstellung der Physiognomie eines Künstlers, in der Regel mit den Mitteln der Malerei, der Plastik oder der Fotografie. Auch wenn das Selbstporträt schon in der Antike vorkommt, fallen die frühesten gattungsprägenden Beispiele erst in den Beginn der Neuzeit, als autonome Künstlerselbstbildnisse z. B. durch Albrecht Dürer (1471–1528) geschaffen werden. Wesentliches Charakteristikum des Selbstporträts ist bis heute der direkte Blickkontakt mit der Betrachterin bzw. dem Betrachter.

Zu den Arbeitsaufträgen 1 und 2: Indem die Schülerinnen und Schüler eine Reihe eigener Selfies betrachten, werden Sie erkennen, dass diese per definitionem zwar durchaus als Selbstbildnisse bzw. Selbstporträts gelten können, sich aber dennoch grundlegend von den Arbeiten Lotte Lasersteins unterscheiden. Als Gründe hierfür benennen könnte die Lerngruppe sowohl die Spontanität des Selfies hinsichtlich des fixierten kurzen Moments der Realität, aber auch die Tatsache, dass Selfies sich (in der Regel) auf die Darstellung des Äußeren, gar des Äußerlichen beschränken, während ein Selbstporträt eine deutlicher geplante und akzentuierte Inszenierung des Künstler-Ichs bedeutet.

Zu Arbeitsauftrag 4: Für die gewählten Selbstporträts sollten die Schülerinnen und Schüler bemerken, dass sich Lotte Laserstein in ihren Selbstdarstellungen nahezu ausschließlich und konsequent als Bildende Künstlerin inszeniert und positioniert. Auffällig sind die immergleichen Requisiten (weißer Malkittel, Staffelei, Leinwand, Pinsel), die sie bei der Arbeit zeigen oder eine eindeutige Zuordnung der Dargestellten als Künstlerin ermöglichen. Offensichtlich – so die Botschaft – bilden Kunst und ihre Arbeit als Künstlerin den Kern ihrer Existenz. In einer Zeit, in der unabhängiges, ganz auf sich selbst gestelltes weibliches Künstlertum keineswegs selbstverständlich ist (Lotte Laserstein wurde als eine der ersten Frauen an der Berliner Hochschule für Bildende Künste aufgenommen), kann die dezidierte Selbstdarstellung als Künstlerin von den Schülerinnen und Schülern auch als ein Medium der Selbstbehauptung, der Selbstversicherung, der Selbstbestimmung und Selbstverwirklichung verstanden werden. Weiter wird die Lerngruppe bemerken, dass sich Lotte Laserstein auf ihren Selbstporträts (zumindest was ihr Aussehen angeht) nicht stilisiert. Die Bilder zeigen die Künstlerin wenig beschönigend und gleichsam realitätsnah – ruhig, ernst, nicht selten streng, gar spröde wirkend. Ihr Blick könnte dabei Anlass zur Diskussion bieten: Selbstsicher? Sich ihrer selbst versichernd? Fragend? Sezierend?

Zu Arbeitsauftrag 5: Der Textauszug aus Szene 6 belegt diese Beobachtungen: »[I]ch bin Malerin« formuliert Lotte Laserstein dezidiert und scheint diese Bemerkung höher zu veranschlagen als ihre zuvor getroffenen Äußerungen (Jüdin, berufstätig, alleinstehend), die, jeweils für sich genommen, bereits Belastung genug sein könnten. Wie an früherer Stelle auch (vgl. Unterrichtsschritt 6.2) könnte den Schülerinnen und Schülern die sprachliche Gestaltung der Reden Lotte Lasersteins auffallen: Anaphorisch steht das »Ich« fünfmal hintereinander zu Beginn ihrer Sätze, positiv formuliert: ihr Selbstbewusstsein markierend, negativ formuliert: ihren immer wieder auffälligen Egoismus betonend.

8.2 Erarbeitung/Sicherung (1): Konzentration auf das Werk

PA / UG

VORLAGE 8 ➤ S. 83

ARBEITSBLATT 8b ➤ S. 86

Lösungshinweise ➤ S. 107

Unterrichtsschritt. Den Schülerinnen und Schülern wird die VORLAGE 8 ***Lotte Laserstein: Abkehr und Konzentration*** gezeigt sowie das ARBEITSBLATT 8b ***Konfliktpotenzial der Szenen*** ausgeteilt. Die auf VORLAGE 8 versammelten Belegstellen werden zu Beginn von allen Schülerinnen und Schülern gelesen, die daraus abzuleitenden Ergebnisse in einem offenen Unterrichtsgespräch gesammelt. Für den Unterrichtsschritt stehen etwa 30 Minuten Zeit zur Verfügung.

Erläuterungen. Die Belegstellen in VORLAGE 8 erwecken den Eindruck, als kehre sich Lotte Laserstein während des gesamten Dramas von allen tagespolitischen Geschehnissen ab, als nehme sie an den gesellschaftlichen Entwicklungen, auch: den beginnenden gesellschaftlichen Verwerfungen keinen Anteil. »Genug davon, das interessiert mich alles nicht« (32,28), formuliert sie in Szene 4 Traute Rose gegenüber. Die Schülerinnen und Schüler bemerken, dass Lotte Laserstein keine Zeitungen mehr liest (»Ich will einfach keine schlechten Nachrichten mehr«, 33,11 f.), dass sie sich nicht als dezidiert politische Künstlerin begreift (»Ich bin nicht die Kollwitz«, 19,29), dass sie, kann sie zwischen Politik und Operette wählen, die Operette wählt. Diese (bewusste!) Abkehr von den tagespolitischen Ereignissen sollte im Unterrichtsgespräch hinterfragt und erklärt werden: Lotte Laserstein ist weder als

Charakter noch als Künstlerin unpolitisch, ihre klugen und klug formulierten Beobachtungen zeigen die ausgeprägte, feinfühlige Sensorik einer Künstlerin, die für die um sie her geschehenden Entwicklungen in hohem Maße empfänglich ist – die sie allerdings nicht beständig ›als Meinung vor sich herzutragen‹ (55,1 ff.) bereit ist, sondern – dem Mittelpunkt ihrer Existenz folgend – in Kunst verwandelt und in ihrem Werk verarbeitet. Ihre scheinbare Abkehr ist demnach (und dafür sollten die Schülerinnen und Schüler sensibilisiert werden) nichts anderes als eine kompromisslose Konzentration auf ihre Kernkompetenz: die Kunst.

Die Auseinandersetzung mit ARBEITSBLATT 8b greift die zuvor formulierten Gedanken auf. Die Lerngruppe soll bemerken, dass nahezu alle Konflikte Lotte Lasersteins die Kunst bzw. ihr künstlerisches Werk umkreisen: Mehrfach geht es um ihren künstlerischen Anspruch, um die Ausrichtung ihres künstlerischen Schaffens, um ihre Selbstbehauptung und Positionierung als Künstlerin. Ausnahmen hiervon sind die Streitgespräche mit Maria Goldmann (Szene 3) und Bodo Imhoff (Szene 5), die das Erstarken der NSDAP und die gleichzeitig beginnende Ausgrenzung und Stigmatisierung jüdischen Lebens thematisieren. Weiter sollen die Schülerinnen und Schüler erkennen, dass Lotte Laserstein bereit ist, alle politischen, sozialen und persönlichen Konflikte zugunsten des entstehenden Bildes (also: zugunsten ihrer Kunst) hintenanzustellen. Immer ist ihr Tun ausgerichtet auf die Vollendung des Gemäldes »Abend über Potsdam«.

VORLAGE 8

Lotte Laserstein: Abkehr und Konzentration

»Ich bin nicht die Kollwitz.« (Szene 2, 19,29)	»Außerdem schert mich nicht, wer meine Bilder schätzt.« (Szene 2, 20,30 f.)	»Genug davon, das interessiert mich alles nicht. […] Mich lenkt das alles ab.« (Szene 4, 32,28 ff.)
»Ich will einfach keine schlechten Nachrichten mehr.« (Szene 4, 33,11 f.)	»[…] und in Thüringen werden sich die Nazis in der Regierung so blamieren, dass sie entzaubert sind«. (Szene 4, 35,19 f.)	»Lotte dreht am Senderknopf, Nachrichtenstimmen, ein Vortrag, sie dreht weiter, bis Musik kommt, eine Operette«. (Szene 5, 36,3 ff.)
»Ich lese keine Zeitungen mehr.« (Szene 5, 37,1)	»Aber ich bin Malerin, ich habe nicht die Kraft und den Willen, dauernd meine Meinung vor mir herzutragen.« (Szene 6, 55,1 ff.)	»Von unten hört man SA-Kampflieder, Lotte trinkt Sekt. Fade out.« (Szene 11, 78,17 f.).

8.3 Erarbeitung/Sicherung (2): Die Gurlitt-Briefe

Unterrichtsschritt. Die Schülerinnen und Schüler bearbeiten das ARBEITSBLATT 8c ***Die Gurlitt-Briefe*** in Partnerarbeit (oder Einzelarbeit). Die Ergebnisse werden auf dem ARBEITSBLATT 8c gesichert und im Unterrichtsgespräch abgeglichen. Der gesamte Arbeitsschritt darf bis zu 40 Minuten Zeit in Anspruch nehmen.

PA / UG

ARBEITSBLATT 8c

➤ S. 87 Lösungshinweise

➤ S. 108 Internetzugang

Erläuterungen. In zwei Szenen des Dramas wendet sich Lotte Laserstein an den Kunsthistoriker und Kunsthändler Hildebrand Gurlitt. Inhaltlich sind die Szenen 4 und 7 für das Drama insofern von besonderer Relevanz, weil sie Lotte Laserstein in einem anderen Kontext präsentieren: Nicht als eine an ihrem Werk arbeitende Künstlerin, sondern als eine über ihr Werk reflektierende bzw. ihr Werk vermarktende Künstlerin. Die Art und Weise, wie sie in den beiden Gurlitt-Briefen Anschluss an die Kunstszene sucht, soll von den Schülerinnen und Schülern analysiert werden. Formal sind die beiden Briefe für das Drama von besonderer Relevanz, weil sie die beiden einzigen Monologe des Dramas markieren.

Zu Arbeitsauftrag 1: Der Kunstsammler und Kunsthistoriker Hildebrand Gurlitt (1895–1956) ist in seiner Bedeutung für die Kunstszene der 1920er Jahre nicht zu unterschätzen. Als Museumsdirektor in Zwickau und Galerist in Hamburg zeigt sich Gurlitt zunächst aufgeschlossen für die avantgardistische Kunst des Symbolismus, des frühen Expressionismus, der Neuen Sachlichkeit und des Bauhauses und avanciert zum ebenso einflussreichen wie meinungsmachenden Kunsthändler. Aufgrund seiner Haltung gerät er ab den 1930er Jahren bei den emporstrebenden Eliten zunächst in die Kritik, dann zunehmend unter Druck. Mit den neuen Machthabern arrangiert sich Gurlitt. Ab 1938 ist er damit beauftragt, die aus deutschen Museen beschlagnahmte sogenannte »Entartete Kunst« ins Ausland zu verkaufen. Zugleich ist er als Einkäufer für ein geplantes Hitlermuseum in Linz am nationalsozialistischen Kunstraub im europäischen Ausland, insbesondere in Frankreich, beteiligt. Ein letztes Mal in die Schlagzeilen gerät Hildebrand Gurlitt, als im Februar 2012 beinahe 1300 Arbeiten der Klassischen Moderne in der Münchner Wohnung seines Sohnes Cornelius Gurlitt beschlagnahmt werden. Deren Provenienz ist bis heute nicht vollumfänglich geklärt.

Zu Arbeitsauftrag 2: Die Schülerinnen und Schüler sollten zunächst bemerken, dass es sich bei den beiden Monologen (der Beginn von Szene 4 wird hier als Monolog bezeichnet, auch wenn er im strengen Sinne kein solcher ist) zugleich um Briefentwürfe handelt, die Lotte Laserstein sich selbst vorträgt. Insofern lassen sich die Monologe auch nicht allein mit den genannten Gattungskriterien des dramatischen Monologes beschreiben – insofern die einen Brief konstituierende Konstellation aus Verfasserin, Information, Intention und Empfänger bedacht werden muss. Bereits auf der Illusionsebene handelt es sich also gerade nicht um ein Selbstgespräch, denn Lotte Laserstein wendet sich brieflich an einen Adressaten: den ihr für die eigene Karriere wichtig scheinenden Kunsthändler Hildebrand Gurlitt. Auf der Kommunikationsebene hingegen bleibt die für den Monolog typische Mitteilungsfunktion gewahrt. Die Schülerinnen und Schüler werden feststellen, dass es sich bei den Monologen Lotte Lasersteins sowohl um ›epische‹ als auch um ›dramatische‹ Monologe handelt: Ersteres, weil Lotte Laserstein über auf der Bühne nicht darstellbare Vorgänge spricht (nämlich den Versuch, sich als Künstlerin in der Öffentlichkeit zu platzieren), Letzteres, weil sie einen hohen Reflexions- und Bewusstseinsgrad erreicht (nämlich hinsichtlich der Arbeit an und den Schwierigkeiten bei der Fertigstellung des Gemäldes »Abend über Potsdam«). Jenseits der formalen Ambiguität sollten Platzierung und Funktion der Monologe durch die Lehrkraft thematisiert werden. Beide Monologe stehen im Gefüge des Dramas an Stellen, an denen sich Lotte Laserstein während der Arbeit (Szene 4), insbesondere aber in krisenhaften Situationen (Szene 7) als Künstlerin auch hinsichtlich ihrer Außenwirkung positioniert. Insbesondere der einzige wirkliche Monolog des Dramas in Szene 7 ist ein formal exponierter: Als kürzeste Szene folgt die Szene 7 auf die längste Szene des Stückes (vgl. Unterrichtsschritt 4.2); während in Szene 6 (mit Ausnahme von Maria Goldmann) zum letzten Mal alle *dramatis personae* auf der Bühne versammelt sind, ist Lotte Laserstein in Szene 7 allein; Szene 6 endet in lautem Streit, Szene 7 gelangt als Kontrastszene zu besonderer Intensität durch die konzentrierte Ruhe, in welcher Lotte Laserstein sich an Hildebrand Gurlitt wendet.

Zu den Arbeitsaufträgen 3 und 4: Ähnlich wie für die beiden ›Traute-Rose-Szenen‹ (die Szenen 4 und 9, vgl. Unterrichtsschritt 6.3) gilt auch für die beiden Gurlitt-Briefe, dass sie inhaltlich und formal geklammert sind, dass die spätere Szene jeweils Antwort auf die frühere gibt, dass Themen und Motive aufgegriffen (in Teilen: ins Gegenteil verkehrt) werden, dass Handlungsstränge weitergesponnen, gleichsam Antworten auf an früherer Stelle Vorgeformtes formuliert sind. So könnten die Schülerinnen und Schüler bei einer einfachen Gegenüberstellung der in den Briefentwürfen angeschlagenen Themen bemerken, dass nahezu identische Inhalte beide Briefe bestimmen (der Besuch Gurlitts, die Arbeit an »Abend über Potsdam«, die Frage nach einer möglichen Präsentation in den Räumen der Gurlitt-Galerie). Anderes hingegen ist gegensätzlich: Formulierte der erste Briefentwurf eine Einladung an den einflussreichen Kunsthändler, wird dieser im zweiten Briefentwurf (nach offensichtlich erfolgter Zusage) nun ausgeladen; im ersten Brief tritt Lotte Laserstein durchaus selbstbewusst und fordernd auf, im zweiten eher zurückgenommen, zweifelnd, sich selbst und ihre Arbeit intensiv reflektierend. Als Ergebnis sollte im Anschluss an die vorausgegangenen Unterrichtsschritte fixiert werden, dass und wie sehr Lotte Laserstein in den Gurlitt-Briefen um ihre Position als Künstlerin, um ihr Werk und um dessen Wahrnehmung in der Öffentlichkeit ringt.

EA

Hausaufgabe

ARBEITSBLATT 9a ➤ S. 94 f.

Lektüre der Brecht-Texte auf ARBEITSBLATT 9a.

Selbstporträts Lotte Lasersteins

Lotte Laserstein hat sich häufig selbst porträtiert:

- »Selbstporträt vor rotem Vorhang« (um 1924)
- »Selbstporträt mit Katze« (1928)
- »Ich und mein Modell« (1929/1930, ARBEITSBLATT 6a)
- »Selbstporträt, en face« (um 1934)
- »Selbstporträt an der Staffelei« (1938)
- »Selbstporträt vor Abend über Potsdam« (um 1950)

Auszug aus *Abend über Potsdam*, Szene 6 (54,21–55,3):

»ERNST. […] und ihr haltet den Mund, ihr haltet einfach den Mund!

LOTTE. Ernst. Ich bin Jüdin. Ich bin eine berufstätige Frau. Ich bin alleinstehend. Ich bin eine der ersten Frauen, die auf der Akademie zugelassen wurden. Ich stehe auf allen schwarzen Listen ganz oben. Ich kann es mir nicht leisten.

ERNST. Das musst du dir aber leisten, gerade du. […] Ich bin nicht in Gefahr. Du schon.

LOTTE. Das habe ich doch gerade gesagt. Aber ich bin Malerin, ich habe nicht die Kraft und den Willen, dauernd meine Meinung vor mir herzutragen.«

Arbeitsaufträge:

1. Machen Sie mit Ihrem Handy ein Selfie oder eine Reihe von Selfies.
2. Vergleichen Sie Ihre Selfie-Serie mit den Arbeiten Lotte Lasersteins. Recherchieren Sie dazu online die genannten Selbstporträts.
3. Recherchieren Sie online den Begriff des Selbstporträts in der Bildenden Kunst.
4. Wie präsentiert sich Lotte Laserstein in ihren Selbstporträts der Betrachterin, dem Betrachter und der Nachwelt?
5. Lesen Sie den Textauszug aus Szene 6. Verknüpfen Sie die Aussagen Lotte Lasersteins mit Ihren aus der Betrachtung der Selbstporträts gewonnenen Erkenntnissen.

2024 Reclam Verlag / Holger Bäuerle

ARBEITSBLATT 8b

Konfliktpotenzial der Szenen

Szene	Person	Konflikt um …
2	Ernst Rose	
3	Maria Goldmann	
4	Traute Rose	
5	Bodo Imhoff	
6 (Ende)	Ernst Rose	
7	Gurlitt	
8	Maria Goldmann	
10	Lise Henkel	

Arbeitsaufträge:

1. Prüfen Sie gemeinsam mit Ihrer Nebensitzerin bzw. Ihrem Nebensitzer entlang der vorgegebenen Szene, in welchem Konflikt sich Lotte Laserstein mit der jeweiligen Person befindet.
2. Notieren Sie Ihre Ergebnisse stichwortartig in der rechten Spalte.

© 2024 Reclam Verlag / Holger Bäuerle

ARBEITSBLATT 8c

Die Gurlitt-Briefe

(Szene 4 und Szene 7)

Beginn Szene 4 (30,6–31,10)	Szene 7 (56,3–29)
Überlegungen zur Form:	Überlegungen zur Form:
Intention des Schreibens:	Intention des Schreibens:
Im Brief angeschlagene Themen:	Im Brief angeschlagene Themen:
Kommentar von außen:	Kommentar von außen:
Bewertung:	Bewertung:

Arbeitsaufträge:

1. Recherchieren Sie online zur historischen Figur Hildebrand Gurlitts.
2. Lesen Sie den Lexikonartikel zum »dramatischen Monolog«. Überlegen Sie, welche Funktion und welche Bedeutung den beiden Monologen Lotte Lasersteins beikommt.
3. Lesen und bearbeiten Sie die beiden Gurlitt-Briefe Lotte Lasersteins (Szenen 4 und 7), indem Sie die obigen Spalten ausfüllen.
4. Bewerten Sie abschließend, ob Sie eine Entwicklung innerhalb der beiden Briefe erkennen können.

Lexikonartikel: Der dramatische Monolog

»*Der dramatische Monolog* ist auf der Illusionsebene Selbstgespräch, von der Kommunikationsebene her hat er dagegen wichtige Mitteilungsfunktion für den Zuschauer. […] W. Kayser unterscheidet nach der Funktion den *technischen Monolog* als Übergang zwischen verschiedenen Auftritten […], den *epischen Monolog* zur Mitteilung von auf der Bühne nicht dargestellten oder nicht darstellbaren Vorgängen […], den *lyrischen Monolog*, der die seelische Gestimmtheit einer Person ausdrückt […], den *Reflexionsmonolog*, der eine Situation durch eine Figur reflektiert oder einen Kommentar der Lage gibt; er übernimmt die ursprüngliche Aufgabe des griechischen Chors […], den eigentlichen *dramatischen Monolog*, der zur Entscheidung in Konfliktsituationen führt und konstitutiv ist für den Fortgang der Handlung. […] Er findet seinen reinsten Ausdruck im Drama der geschlossenen Form, wo er meist den dramatischen Höhepunkt darstellt, oft gipfelnd in einer Sentenz. Den Sprechenden charakterisiert ein hoher Reflexions- und Bewußtseinsgrad, was sich auch in der Gliederung, der rhetorischen und stilistischen Geformtheit des Monologs ausdrückt.«

Irmgard Ackermann: Art. »Der dramatische Monolog«. In: Metzler Literatur Lexikon. Begriffe und Definitionen. Hrsg. von Günther und Irmgard Schweikle. 2., überarb. Aufl. Stuttgart: Metzler, 1990. S. 310. [Abkürzungen aufgelöst.]

© 2024 Reclam Verlag / Holger Bäuerle

9 »Es ist noch nicht die Diktatur, sondern ihr Wetterleuchten.« Die Deformierung einer Gesellschaft durch den Faschismus begreifen

Sachanalyse

»Bühnenarrangement« (15,21) nennt Ernst Rose die anfängliche Anordnung der einander nur zum Teil bekannten Gesellschaft auf der Potsdamer Dachterrasse – und verweist damit metaphorisch auf die Gleichzeitigkeit von Darstellung und Dargestelltem. Die theatralische Ausgangssituation auf der Bühne fällt in eins mit der Ausgangssituation der einsetzenden Handlung: Die Künstlerin Lotte Laserstein sucht im ersten szenisch präsentierten Moment das spätere Bildmotiv für das Gemälde »Abend über Potsdam« zu fixieren: »Welches Arrangement?«, kommentiert Ernst Rose gleichermaßen kunstbeflissen wie ironisch, während die Gruppe sich auf der Terrasse ordnet: »Klassisches Abendmahl? Da Vinci? Flämisch?« (12,12 f.).

Zur ersten Arbeitssitzung an dem Gemälde trifft Lotte Laserstein insgesamt fünf Modelle (und damit auch die fünf weiteren Figuren des theatralischen Spiels), denen sie zunächst freundschaftlich, nachbarschaftlich oder beruflich verbunden ist. Nachdem das Gemälde vollendet ist, feiert sie dessen Fertigstellung mit nur noch zwei Freunden – und auch diese beiden werden sie am Ende der Szene verlassen. Allein, gleichsam isoliert, sitzt die fiktive Lotte Laserstein beim »Fade out« (78,18) vor dem Gemälde, das die ›echte‹ Lotte Laserstein zeitlebens »Meine Freunde« nannte. »Und als ich Ernst betrachtet habe, als er das Bild betrachtet hat, wurde mir klar, dass da nicht die Freunde voneinander Abschied nehmen, sondern ich von ihnen« (78,3 ff.), kommentiert sie hellsichtig ihre Arbeit – und zugleich das Ende des Stückes.

Die abschließende Unterrichtseinheit wählt sich ein Zitat Lutz Hübners aus dem Programmheft der Uraufführung 2017 als Ausgangspunkt: »Das Bild entstand 1929/30, als die Goldenen Zwanziger auf ihrem Höhepunkt anlangten und zu Ende gingen. […] Über den Entstehungsprozess des Bildes kann man eine Gesellschaft erzählen, in der erste Haarrisse zu erkennen sind. Es ist noch nicht die Diktatur, sondern ihr Wetterleuchten. […] Das Klima wird rauer – wie reagieren [die] Figuren darauf und wie reagieren sie aufeinander?«[1] Diesen Fragen – den von Hübner benannten »Haarrisse[n]« – spüren die Schülerinnen und Schüler nach. Und lassen dabei das Drama noch einmal Revue passieren: Gefragt wird sowohl nach der Veränderung der Beziehungen Lotte Lasersteins zu ihren Modellen als auch nach der Veränderung der Beziehung der Figuren untereinander. Das Ende des Dramas legt nahe, was im Verlaufe des Unterrichtsmodells erarbeitet wurde: dass nämlich die Mehrzahl der zu Beginn zwar belasteten, aber noch funktionierenden Beziehungen nun abgerissen ist: Bodo Imhoff erscheint nach Szene 6 nicht mehr auf der Bühne, Maria Goldmann, offensichtlich sozial abgerutscht, wird in ihrem letzten Auftritt zur Diebin, und Lise Henkels Verwandlung (besser: ihre Verkehrung) von einer nahezu exemplarischen Repräsentantin der Neuen Frau zur Mitläuferin verbaut jede weitere Nähe. Was für die Beziehungen Lotte Lasersteins zu ihren Modellen gilt, gilt letztlich auch für die Figuren untereinander: Aus der einstigen Verständigung der beiden männlichen Intellektuellen (auch vor dem Hintergrund ähnlicher biografischer Erfahrungen 10,20–29) ist ein offener politischer Dissens geworden, die anfängliche Bewunderung Lises für das »Mannequin« (10,13) Maria ist umgeschlagen in Beleidigung, Hass und Hetze. Ihr Wunsch, der Diebin im Treppenaus nachzusetzen, nimmt jene Pogromstimmung vorweg, die von den Schlägertruppen der SA längst zum politischen Kampfmittel erhoben ist.

»Ich möchte ›Abend über Potsdam‹ nicht als Analogie verstanden wissen, sondern […] als Analyse«[2], formuliert Sarah Nemitz über das Stück und verwahrt sich auf diese Weise gegen eine einfache Gleichführung der späten Jahre der Weimarer Republik mit unserer Gegenwart. Demungeachtet, darauf insistiert Sascha Feuchert, »sind die Bezüge des Dramas zur Gegenwart […] kaum zu übersehen. Auch heute driften westliche Gesellschaften […] sichtbar auseinander, machen rechte Parteien wie die ›Alternative für Deutschland‹ (AfD) völkisch-nationale ›Angebote‹ und vermitteln bequeme Feindbilder.«[3] Auch heute geht zunehmend die Bereitschaft zu einem sachlichen, problem- und lösungsorientierten öffentlichen Diskurs verloren. Wechselseitig bedingen einander: die

1 Ute Scharfenberg, »Ein Bild vom Abschied« [Auszug aus einem Gespräch der Autoren Lutz Hübner und Sarah Nemitz mit dem Ensemble und Regieteam der Inszenierung, 7. 2. 2017], in: *Programmheft des Hans Otto Theaters [Potsdam] zur Premiere von* »Abend über Potsdam«, S. 6–10, hier S. 6. Zit. nach: Sascha Feuchert, »Nachwort«, in: Lutz Hübner / Sarah Nemitz, *Abend über Potsdam*, 2., durchges. Aufl. Ditzingen 2024, S. 87–99, hier S. 89.

2 Dorte Lena Eilers / Lutz Hübner / Sarah Nemitz, »Das Warum-Erbe«, in: *Theater der Zeit* 4 (2017). Zit. nach: Feuchert (s. Anm. 1), S. 95.

3 Ebd.

fehlende Bereitschaft zur Kommunikation und die fehlende Bereitschaft zum Konsens. Feuchert erkennt in der Sichtbarmachung dieser Mechanismen die eigentliche Leistung des Autorenduos Hübner und Nemitz – und den, mit den Worten Sarah Nemitz': analytischen Brückenschlag des Dramas in die Gegenwart. »Bodos Bemerkung [...], ›die Zeit der Verständigung‹ sei ›[v]ielleicht [...] einfach vorbei‹ (S. 53), ist – so gesehen – eben nicht nur Ausdruck seines Bedauerns über die Entfremdung, sie markiert auch, worauf das Ganze hinauslaufen muss, wenn das Autoritäre gewinnen soll: auf einen willkürlich herbeigeführten, endgültigen Abbruch der Kommunikation, auf die Verweigerung eines konsensorientierten Gesprächs. Damit dieser Endpunkt erreicht wird, bedarf es zuvor der Leugnung von Fakten und der Verdrehung der Wahrheit«[4]. An dieser Stelle – und dafür sind die Schülerinnen und Schüler abschließend zu sensibilisieren – werden die von Lutz Hübner so bezeichneten »Haarrisse«[5] mit einem Mal zu Sollbruchstellen, an dieser Stelle wird das »Wetterleuchten«[6] – und mit diesem die Bedrohung unserer zunehmend fragilen Gegenwart – plötzlich real.

4 Scharfenberg (s. Anm. 1), S. 96.
5 Scharfenberg (s. Anm.1), S. 89.
6 Ebd.

Unterrichtsverlauf

Überblick. Die Schülerinnen und Schüler untersuchen die Schlussszene des Dramas und kehren dabei zum Anfang des Unterrichtsmodells zurück: Noch einmal wird Lotte Lasersteins Gemälde »Abend über Potsdam« zum Mittelpunkt des Unterrichts. Die Schülerinnen und Schüler hinterfragen die Ergebnisse der ersten Unterrichtsstunde und ordnen sie vor dem Hintergrund des gesamten Dramas nun in einen größeren Kontext ein. Gezeigt wird, welche Risse durch eine Gesellschaft gehen, wenn mit dem aufkommenden Faschismus ein Klima der Angst, der Denunziation, der politischen Willkür, der Verfolgung politischer Minderheiten, der fehlenden Rechtsstaatlichkeit, der Gewalt und des Terrors entstehen.

Phase	Thema	Sozialform	Kompetenzen/Lernziele	Materialien
Voraussetzungen: Lektüre der Schlussszene 11, S 75–78				
9.1	Einstieg: Bertolt Brecht zur Deformation der Zivilgesellschaft im NS-Staat	GA / UG	• Informationen aus zwei Außentexten vergleichen, interpretieren und transferieren	ARBEITSBLATT 9a ➤ S. 94 f.
9.2	Erarbeitung/Sicherung (1): Die Schlussszene des Dramas	UG	• Funktion und Gestaltungsweise des Dramenendes analysieren	VORLAGE 9 ➤ S. 91
9.3	Erarbeitung/Sicherung (2): Der Riss durch die Gesellschaft	PA / UG	• Den kritischen Gehalt des Dramas abschließend bewerten	ARBEITSBLATT 9b ➤ S. 96 ARBEITSBLATT 1 ➤ S. 10

9.1 Einstieg: Bertolt Brecht zur Deformation der Zivilgesellschaft im NS-Staat

Unterrichtsschritt. Die Schülerinnen und Schüler bearbeiten das ARBEITSBLATT 9a ***Bertolt Brecht zur Deformation der Zivilgesellschaft im NS-Staat*** in Gruppenarbeit. Die Ergebnisse werden in einem offenen Unterrichtsgespräch gesammelt und von der Lerngruppe eigenverantwortlich gesichert. Dafür sollten ca. 30 Minuten geplant werden.

GA / UG

ARBEITSBLATT 9a
➤ S. 94 f.

Erläuterungen. *Zu Arbeitsauftrag 1:* Bertolt Brechts Drama *Furcht und Elend des Dritten Reiches* (ursprünglicher Titel: *Deutschland – Ein Greuelmärchen*) entstand zwischen 1935 und 1943. Die insgesamt vierundzwanzig, in sich abgeschlossenen, aber dennoch untereinander vernetzten Szenen beschreiben mit knapper, realistischer Genauigkeit, was der Emigrant und Exilant von jenseits der Grenzen des Deutschen Reiches beobachtet: Die zunehmende Deformation einer Zivilgesellschaft durch den Faschismus, die durch diesen konstituierte Mentalität eines Denunzianten- und Duckmäusertums, die Risse, die durch eine vom System heuchlerisch propagierte, in Wirklichkeit zutiefst gespaltene ›Volksgemeinschaft‹ gehen.

Die Szene 2, »Der Verrat«, zeigt ein Ehepaar, das, an der Wohnungstür zum Treppenhaus lauschend, »sehr blaß«, die Folgen seines Verrats miterlebt. Es ist das Jahr der Machtergreifung, ein Nachbar hat im Volksempfänger Auslandsradio gehört, der mit seiner Ehefrau auf der Bühne befindliche Ehemann ihn daraufhin denunziert. Nun wird der Nachbar von der SA oder der Gestapo auf brutale Weise verhaftet und bewusstlos aus seiner Wohnung gezerrt. Das zerborstene Geländer markiert dabei metaphorisch die Zerstörung der Rechtsstaatlichkeit und der Rechtssicherheit, die mit dem Faschismus legalisierte Willkür und den Abgrund, auf den sich das Land zubewegt. Geschickt erhebt Brecht seine Rezipienten auf eine metadramatische Ebene (auch die Bühnenfiguren wohnen einer ›Aufführung‹ bei) und erzwingt damit – wie in seinem epischen Theater postuliert – eine kritische Auseinandersetzung mit dem Dargestellten: Nicht in die Handlung hineinversetzt soll der Zuschauer werden, sondern ihr gegenübergesetzt, nicht Erlebnisse, sondern Erkenntnisse werden vermittelt, nicht die *emotio*, sondern die *ratio* angesprochen. Das potenzierte Theater auf dem Theater ist als ein Verweis auf die Literarizität, die ästhetische Faktur des Dargestellten zu lesen. Die (allen Szenen des Dramas) vorangestellte Lyrik bezeichnet die (bzw. den) Denunzianten dezidiert als Verräter und kündigt ihm (sprichwörtlich nach Psalm 35,7) an, dass die Straße nicht vergessen wird. Die Schülerinnen und Schüler sollten bemerken, wie das Erschrecken vor den Konsequenzen des eigenen Handelns zunächst die Frage nach der Schuld aufwirft, um dann wie ein Riss durch die Beziehung der Ehepartner zu gehen und in spürbares Misstrauen zu münden: »Du hast doch nicht nur das gesagt.«

Zu Arbeitsauftrag 2: Das Gedicht »Der Nachbar« entstand im Jahre 1934 – noch vor dem Beginn der Arbeit an dem Drama *Furcht und Elend des Dritten Reiches*. Schon die dramatische Bearbeitung des zunächst als Gedicht geformten Stoffes legt den Gedanken nahe, dass Brecht der jeweiligen Darstellungsform ebenso unterschiedliche Gestaltungs- wie Wirkungsmechanismen zuweist. Das Gedicht besteht aus fünf unterschiedlich langen Strophen (3 – 8 – 4 – 3 – 4 Verse). Die insgesamt 22 Verse sind nicht gereimt, ein regelmäßiges Metrum nicht erkennbar. Das lyrische Ich ist durch Vers 1 (»Ich bin der Nachbar. Ich habe ihn angezeigt.«) scheinbar gekennzeichnet – ob allerdings der Eröffnungsvers auch eine eindeutige Verifizierung hinsichtlich des im Titel benannten »Nachbarn« bedeutet, könnte durch die Schülerinnen und Schüler hinterfragt werden: Ist der im Titel benannte »Nachbar« nun der Täter oder dessen Opfer? Und ist nicht die Schwierigkeit einer eindeutigen Zuweisung – der Titel kann als Homonym gelesen werden – bereits interpretationslenkend?

Die Schülerinnen und Schüler könnten weiter bemerken, dass das lyrische Ich nur in Vers 1 in der 1. Person Singular spricht (und dies wohl nicht zufällig jeweils am Satzbeginn: »Ich bin …« / »Ich habe …«), sich im weiteren Verlauf des Gedichtes aber nur noch in der 1. Person Plural äußert – als wolle es in der amorphen Masse des »wir« aufgehen, das eigene Fehlverhalten kaschieren und auf diese Weise seine Tat – die die singuläre Tat eines einzelnen Denunzianten ist – zu einer Kollektivtat erheben, durch die auch die Verantwortung dafür auf viele bzw. alle verteilt wird. Wie im Drama finden sich auch im Gedicht Hinweise darauf, dass das Verhältnis des Denunzianten zu den »Leute[n]« nicht unbelastet ist. Wo das Drama allerdings eine unmissverständliche Drohung formuliert (»Vielleicht: die Straße vergißt nicht?«), wird im Gedicht nur weggeschaut. Immerhin: Die Rückversicherung der beiden Schlussverse bei denjenigen, »[d]ie ihn abgeholt haben«, zeugt von einem erkennbaren Rechtfertigungsmechanismus, letztlich von Angst. Ein besonderes Augenmerk könnte die Lerngruppe auf Strophe 2 richten, die zugleich anaphorisch und antithetisch die Handlungen der Hausbewohner jenen des ungeliebten Nachbarn gegenüberstellt (»Als wir … / Hat er …«). Ebenso sollte in Strophe 5 die Wiederholung der Formulierung aus V. 16 bzw. V. 17 f. bemerkt werden (»und im Haus herrscht Ruhe« bzw. »da / [m]uß wenigstens Ruhe herrschen«). Offensichtlich »herrscht« (sic!) in dem bereits in V. 2 benannten Haus kein nachbarschaftlicher Geist, kein Interesse aneinander, keine Anteilnahme an den Sorgen anderer (»Wir haben genug Sorgen im Kopf«), keine Unterstützung, keine Hilfe, sondern jene – gespenstische – Ruhe, die entsteht, wo man einander argwöhnisch beobachtet, wo man einander bespitzelt, wo man einander denunziert.

UG

9.2 Erarbeitung/Sicherung (1): Die Schlussszene des Dramas

VORLAGE 9

➤ S. 91

Unterrichtsschritt. Die Schülerinnen und Schüler erhalten die VORLAGE 9 ***Ergebnisse der Reichstagswahl vom 14. September 1930***. Die dort versammelten Daten sollen die Lerngruppe für den erdrutschartigen Wahlsieg der NSDAP und damit für die besondere historische Bedeutung des 14. September 1930 sensibilisieren – jenes Tages, der das Ende des Dramas und dessen Katastrophe markiert. In einem durch die Lehrkraft angeleiteten *close reading* wird die Schlussszene von *Abend über Potsdam* insbesondere hinsichtlich der folgenden beiden Aspekte gemeinsam gelesen: Die Schülerinnen und Schüler sollten a) die Gestaltung des Raumes und b) die Würdigung des nun fertiggestellten Gemäldes »Abend über Potsdam« durch Ernst Rose bemerken und bewerten. Dafür sollten ca. 30 Minuten geplant werden.

Erläuterungen. Die letzte Szene des Dramas ist – wie nur zwei weitere Szenen des Dramas, nämlich Szene 1 (Sonntag, 29. September 1929) und Szene 6 (Ostersonntag, 20. April 1930) – durch ein Datum präzise fixiert: Es ist Dienstag, der 14. September 1930, ein historischer Wahltag. Am Ende des Dramas werden durch die Bühnenhandlung in eins geführt: die Fertigstellung von Lotte Lasersteins Gemälde »Abend über Potsdam« und die Wahlen zum fünften Deutschen Reichstag. Zugleich (!) kulminieren auf diese Weise das künstlerische Werk Lotte Lasersteins und die nun auch parlamentarische Radikalisierung Deutschlands. Dabei stehen in der Schlussszene des Dramas Kunst und Geschichte in einer Wechselwirkung, die für die Lesart des Gemäldes aus heutiger Sicht besonders virulent geworden ist: Nahezu visionär illustriert Laserstein auf dem Höhepunkt ihrer künstlerischen Schaffenskraft die Katastrophe und den Abgrund, auf den die erste deutsche Demokratie zutaumelt. Sie tut dies mit ihren eigenen Mitteln und auf die ihr eigene Weise. Während die *Frankfurter Zeitung* am Mittwoch, dem 1. Oktober 1930, unmittelbar die aufgeheizte Stimmung aufgreift (»Erbitterungs-Wahlen also, in denen eine aus vielen Quellen gespeiste Stimmung, durch eine wilde Verhetzung aufgewühlt, sich in radikalen Stimmzetteln entlud«, Hilke Dening, *Chronik 1930*, Dortmund 1989, S. 159), ist Lasersteins Kommentar leiser, distanzierter und eben deswegen – so zumindest scheint es dem heutigen Betrachter – um ein Vielfaches erschütternder. Das *close reading* könnte die folgenden Aspekte der Schlussszene aufgreifen und thematisieren:

- Hinsichtlich der Gestaltung des Raumes sollten die Schülerinnen und Schüler bemerken, wie die Bedrohung durch den Nationalsozialismus der jüdischen Künstlerin buchstäblich näher rückt: In einer der Wohnungen unter ihrem Atelier wird gefeiert (»Lise ist unten und wartet mit ihrer SA-Clique auf die Ergebnisse. Ich habe ihr nicht Bescheid gesagt, sonst wären wohl alle hochgekommen« 75,9 ff.); später hört man von dort SA-Kampflieder (78,17); vor den Fenstern wird der Wahlsieg der NSDAP bejubelt (»Von draußen hört man plötzlich Jubelschreie, es wird gesungen, das Horst-Wessel-Lied« 77,2 ff.); und selbst in das Atelier gelangt die aufgeheizte Stimmung der brodelnden Stadt (vgl. 75,21) über das den Wahlsieg der NSDAP verkündende Radio (77,4–9).
- Traute Rose kommentiert das fertiggestellte und nun enthüllte Gemälde kurz angebunden: »Es ist ein Meisterwerk, Lotteken« (76,30). Ernst Roses Urteil fällt differenzierter, enthusiastischer und in seiner historischen Einordnung weitsichtiger aus: »Das ist ein Bild der Zeit. Das taugt mehr als tausend Artikel und Analysen. Das sind wir. Was wir waren. Was wir sind. Nicht wissend, was wir sein werden. Und wo« (77,17 ff.). Die Lerngruppe

VORLAGE 9

Ergebnisse der Reichstagswahl vom 14. September 1930

Partei	Stimmen (absolut)	Stimmen (%)	Änderung (%)	Sitze im Reichstag
Sozialdemokratische Partei Deutschlands (SPD)	8 575 244	24,5 %	−5,3 %	143
Nationalsozialistische Deutsche Arbeiterpartei (NSDAP)	6 379 672	18,3 %	+15,7 %	107
Kommunistische Partei Deutschlands (KPD)	4 590 160	13,1 %	+2,5 %	77
Deutsche Zentrumspartei (Zentrum)	4 127 000	11,8 %	−0,3 %	68
Deutschnationale Volkspartei (DNVP)	2 457 686	7,0 %	−7,3 %	41
Deutsche Volkspartei (DVP)	1 577 365	4,5 %	−4,2 %	30

In den Reichstag werden weitere 10 Parteien gewählt, deren Stimmenanteil allerdings jeweils unter 4 % (in absoluten Zahlen: unter 1,4 Millionen Wahlstimmen) liegt. Sonstige Parteien sind mit absolut nahezu 300 000 Wahlstimmen zu vernachlässigen.

sollte die sprachliche Gestaltung der Textpassage erkennen (Alliterationen auf den Buchstaben *w* bzw. Anaphern auf »Was wir …«), die, funktional gedeutet, offensichtlich der Verstärkung des Gesprochenen dient. Dass Ernst Rose das Gemälde Lasersteins auf eine vertraute, moderne Weise kommentiert, schlägt eine Brücke zu sowohl der ersten Unterrichtsstunde als auch dem die gesamte Unterrichtseinheit beschließenden nachfolgenden Unterrichtschritt 9.3.

- »Und als ich Ernst betrachtet habe, als er das Bild betrachtet hat, wurde mir klar, dass da nicht die Freunde voneinander Abschied nehmen, sondern ich von ihnen« (78,3 ff.). Mit leistungsstärkeren Lerngruppen könnte (ähnlich wie zuvor für Brechts *Furcht und Elend des Dritten Reiches*, vgl. Unterrichtsschritt 9.1) über die metadramatische Ebene der Szene reflektiert werden: Das Theaterpublikum betrachtet Lotte Laserstein, welche Ernst Rose betrachtet, der wiederum das Gemälde betrachtet. Da den Lesern bzw. den Theaterbesuchern das vollendete Laserstein-Gemälde vertraut ist, der Fokus also nicht auf das Was gerichtet werden muss, wird der Blick geschärft für die Frage nach dem Wie, also: der Bewertung durch Ernst Rose – ein Effekt, der die Rezipienten zwingt, nicht die Fertigstellung des Gemäldes als Schlusspunkt des Stückes zu begreifen, sondern das Ende des Dramas als ein offenes Ende zu denken, indem die Bedeutung und die Nachwirkung des Gemäldes, einem fortdauernden Prozess gleich, für unser Heute stets aufs Neue zu hinterfragen ist.
- Abschließend soll knapp das Augenmerk darauf gelenkt werden, dass von den ursprünglich sechs Figuren, die das Personenverzeichnis ausweist und die zu Beginn des Dramas in Szene 1 gemeinsam auf der Bühne versammelt waren, in der Schlussszene noch drei Figuren geblieben sind – von denen wiederum zwei die Bühne verlassen. So sitzt Lotte Laserstein am Ende des Dramas allein (und isoliert?) auf der Bühne – ein Ende, das Exil und Emigration ebenso vorwegnimmt wie es das Abreißen einer glanzvollen künstlerischen Karriere markiert.

9.3 Erarbeitung/Sicherung (2): Der Riss durch die Gesellschaft

PA / UG

ARBEITSBLATT 9b
➤ S. 96
ARBEITSBLATT 1
➤ S. 10

Unterrichtsschritt. Die Schülerinnen und Schüler bearbeiten das ARBEITSBLATT 9b ***Zur Beziehung der Figuren am Ende des Dramas*** in Partnerarbeit. Ergänzend dazu sollte die Lerngruppe noch einmal ARBEITSBLATT 1 zur Hand nehmen. Die Ergebnisse können in einem abschließenden, offenen Unterrichtsgespräch gesichert werden. Dafür sollten ca. 30 Minuten geplant werden.

Erläuterungen. *Zu Arbeitsauftrag 1:* Der historischen Wirklichkeit angenähert ist das Verhältnis Lotte Lasersteins zu Traute Rose ein freundschaftliches und inniges (trotz gelegentlicher Spannungen, vgl. z. B. Szene 4, 32,28–34,2 bzw. Szene 9, 65,4–67,15). Beleg hierfür ist nicht zuletzt die im Verlauf des Dramas immer wieder zu beobachtende körperliche Nähe der beiden Frauen (33,13 f.; 34,12 ff.; 67,16–22; 67,30 f.; 76,29; 78,11). Die letzte Regieanweisung lässt an der alle Widrigkeiten überdauernden wechselseitigen Zuneigung keinen Zweifel: »Traute küsst Lotte« zum Abschied (78,11). Ebenfalls freundschaftlich – wenn auch ebenfalls nicht unproblematisch – ist Lotte Lasersteins Verhältnis zum Ehemann Trautes, Ernst Rose. Als zerbrochen hingegen könnten die Schülerinnen und Schüler die Beziehungen Lotte Lasersteins zum restlichen Personal bewerten: Bodo Imhoff erscheint nach seinem politisch motivierten Dissens mit Ernst Rose in Szene 6 nicht mehr auf der Bühne, Maria Goldmann verlässt das Atelier Lotte Lasersteins als Diebin (62,27–30), und die Distanz zu der wenig reflektierten Opportunistin Lise Henkel vergrößert sich im Verlauf des Dramas zusehends. So erscheint es folgerichtig, dass bei der Feier zur Fertigstellung des Gemäldes nur noch das Ehepaar Rose anwesend – und Lotte Laserstein nach deren Abgang am Ende des Dramas allein ist.

Zu Arbeitsauftrag 2: Ähnlich wie sich die Beziehungen Lotte Lasersteins zu den einzelnen Figuren des Dramas unter dem Druck der heraufziehenden Diktatur verändern, verändern sich auch die Beziehungen der *dramatis personae* untereinander. Exemplarisch können die Schülerinnen und Schüler dies für das Verhältnis zwischen dem »Mannequin« (14,20) Maria Goldmann und der Telefonistin Lise Henkel zeigen. Drei Mal begegnen sich die beiden Frauenfiguren im Verlauf des Dramas (Szene 1, Szene 3 und Szene 8). Die ersten beiden Begegnungen sind geprägt von der unverhohlenen Bewunderung Lises für Maria (»Sie ist so schön. Wie Camilla Horn«, 13,27; »Ich habe versucht, mir die Augen so wie du zu schminken, aber irgendwas habe ich falsch gemacht«, 25,17 f.). Anders die letzte Begegnung, in der Lise, die als Verlobte des SS-Mannes Richard Mahlow nun arisch-nationalsozialistisch denkt und handelt, der Diebin Maria Goldmann auf die Straße folgen und sie metaphorisch auf eine Weise hetzen will, die die spätere Verfolgung jüdischer Mitbürger vorwegnimmt: »Diese Nutte hat Ihre Geldbüchse geklaut. […] Und dann beklaut Sie diese Polackenhure und Ihnen ist das schnurzegal? […] Ich habe Mitgefühl mit dem armen Deutschen, den sie als Nächstes bestiehlt, weil Sie etwas für Judenhuren übrighaben« (S. 63,7–64,5).

Lise ist diejenige Figur, die sich im Verlaufe der Handlung am offensichtlichsten und am einschneidendsten verändert. Während sie zu Beginn des Dramas für »Lotte Laserstein vor allem interessant [ist], weil sie jung und unabhängig, auch ein wenig wild erscheint und damit dem Typus der ›modernen Frau‹ entgegenstrebt, entwickelt sie durch ihre Beziehung zu einem SA-Mann rasch andere Züge: Gegen Maria, die ihr zunächst als Vorbild erschienen war, wird sie antisemitisch ausfallend [...] und ihre neuen Ideale heißen nun Familie und Pflichterfüllung [...]« (Feuchert, »Nachwort«, S. 92 f.). Sie wird schließlich – »in einem Kleid, das die ›Judasfarbe‹ [...] Gelb hat« (ebd.) – die lange leergebliebene Mitte ausfüllen – was symbolisch verstanden werden darf: Die in der Endphase der Weimarer Republik fehlende demokratische Mitte (vgl. die Wahlergebnisse VORLAGE 9 und 47,26 f.) wird ab 1933 von den Anhängern und Anhängerinnen des neuen NS-Staats besetzt, im ›Verrat‹ an der Demokratie. Für diese ›neue Mitte‹ ist Lise repräsentativ.

Zu Arbeitsauftrag 3: Mit dem letzten Unterrichtsschritt kehrt die Lerngruppe an den Anfang der Unterrichtseinheit zurück. Noch einmal wird Lotte Lasersteins Gemälde »Abend über Potsdam« in den Mittelpunkt des Unterrichts gerückt. Von den Schülerinnen und Schülern gefordert ist zum einen eine Reproduktion des Wissens aus Unterrichtsschritt 1.2, zum anderen eine Transferleistung vor dem Hintergrund der Dramenlektüre bzw. der beiden Texte Bertolt Brechts aus Unterrichtsschritt 9.1.

Reproduktion: Für die Figuren des Gemäldes wurde zu Beginn der Unterrichtseinheit festgestellt, dass sie auf eine den Betrachter irritierende Weise nicht miteinander interagieren, nicht miteinander kommunizieren, dass sie ohne erkennbare Verbindung beisammen, aber isoliert sitzen und deswegen gemeinsam einsam scheinen. Die Blicke der Dargestellten sind ins Leere gerichtet, eine Stimmung tiefer Melancholie lastet über der hereinbrechenden Dämmerung und der versammelten Gesellschaft.

Transfer: Sascha Feuchert hat darauf verwiesen, dass für die Zeitgenossen der Künstlerin das Gemälde »indes noch nicht als Darstellung erkennbar [war], die so deutlich über sich selbst und den eingefangenen Augenblick hinausweist« (Feuchert »Nachwort«, S. 88). Und auch für Lutz Hübner und Sarah Nemitz galt bei der Entwicklung der Arbeit an den Figuren die Maßgabe, diese nicht über ihre historische Zeit hinaus zu konstruieren:

> »Man darf [...] kein Stück über die Zeit der Wirtschaftskrise schreiben und den Holocaust schon mit einweben. Der Zeitpunkt, wo eine Figur wie Bodo beim *Völkischen Beobachter* landet, weil er keinen Job mehr hat, ist ein Moment, wo auch Leute wie Gottfried Benn noch eine Art von Begeisterung für die NSDAP empfanden, weil sie als junge, starke Bewegung galt« (Eilers, »Das Warum-Erbe«, zit. nach: ebd., S. 93).

Vor diesem Hintergrund sollten die Schülerinnen und Schüler dafür sensibilisiert werden, dass jene von Hübner beschriebenen »Haarrisse« (vgl. ARBEITSBLATT 9b) bei Laserstein als nahezu visionäres, bei Hübner/Nemitz hingegen als erkennbares, aber dem historischen Moment verpflichtetes Wetterleuchten erscheinen. Die Lerngruppe sollte erkennen, dass und wie der heraufziehende Faschismus in die Zivilgesellschaft hineinwirkt und diese zu deformieren beginnt: Das Drama ist gekennzeichnet von einem sich zunehmend radikalisierenden politischen Dissens, von wachsenden sozialen Ungerechtigkeiten, von der beginnenden Ausgrenzung von Minderheiten. Infolgedessen verschiebt sich die Tektonik zwischen den Figuren. Es zerbrechen die Beziehungen zwischen Lotte Laserstein und einem Teil ihrer Modelle, aber auch die Beziehungen der Figuren untereinander. Ähnliches wurde auch bei den in Unterrichtsschritt 9.1 untersuchten Texten Bertolt Brechts erkennbar: Hier wie dort wurde gezeigt, wie der Faschismus in die Beziehungen der Menschen hineinwirkt, wie er nachbarschaftliche, gar: eheliche Verhältnisse belastet und verändert. Deutlicher und unmittelbarer ausgeführt als in *Abend über Potsdam* ist bei Brecht allerdings das mit dem Faschismus aufkeimende Klima der Angst, der Denunziation, auch: der politischen Willkür, der fehlenden Rechtsstaatlichkeit und Rechtssicherheit, der Gewalt und des Terrors. Abschließend könnte das Unterrichtsgespräch auf Lotte Laserstein gelenkt werden: Das in Szene 11 fixierte Schlusstableau entwerfen Hübner und Nemitz als einen historisch exakt zu bestimmenden Moment der persönlichen Genugtuung Lotte Lasersteins und zugleich als einen Moment der politischen Katastrophe: »Von unten hört man SA-Kampflieder, Lotte trinkt Sekt« (78,17). Und doch weist das Ende des Dramas wohl über die fiktive Bühnenfigur Lotte Laserstein hinaus: Für die historische Lotte Laserstein scheint das Gemälde »Abend über Potsdam« eine Vorahnung ihrer nahen Zukunft zu belegen. Zunehmend isoliert, künstlerisch ins Abseits gedrängt, als jüdische Mitbürgerin Teil einer diffamierten und verfolgten Minderheit, emigriert Lotte Laserstein 1938 ins schwedische Exil. Ein Moment, der in ihrer Vita wohl als nicht mehr wiedergutzumachender Bruch ihrer glanzvoll begonnenen Künstlerkarriere zu lesen ist: »Fade out. [...] BLACK.« (78,18 f.) sind die doppeldeutig letzten Worte des Dramas.

Bertolt Brecht zur Deformation der Zivilgesellschaft im NS-Staat

Bertolt Brecht: ***Furcht und Elend des Dritten Reiches*** **(1935–1943)**

Szene 2: »Der Verrat«

»Dort kommen Verräter, sie haben
Dem Nachbarn die Grube gegraben
Sie wissen, daß man sie kennt.
Vielleicht: die Straße vergißt nicht?
Sie schlafen schlecht: noch ist nicht
Aller Tage End.

Breslau, 1933. Kleinbürgerwohnung. Eine Frau und ein Mann stehen an der Tür und horchen. Sie sind sehr blaß.

DIE FRAU. Jetzt sind sie drunten.

DER MANN. Noch nicht.

DIE FRAU. Sie haben das Geländer zerbrochen. Er war schon bewußtlos, wie sie ihn aus der Wohnung geschleppt haben.

DER MANN. Ich habe doch nur gesagt, daß das Radio mit den Auslandssendungen nicht von hier kam.

DIE FRAU. Du hast doch nicht nur das gesagt.

DER MANN. Ich habe nichts sonst gesagt.

DIE FRAU. Schau mich nicht so an. Wenn du nichts sonst gesagt hast, dann hast du eben nicht sonst gesagt.

DER MANN. Das meine ich auch.

DIE FRAU. Warum gehst du nicht hin auf die Wache und sagst aus, daß sie keinen Besuch hatten am Samstag.

Pause.

DER MANN. Ich geh nicht auf die Wache. Das sind Tiere, wie sie mit ihm umgegangen sind.

DIE FRAU. Es geschieht ihm recht. Warum mischt er sich in die Politik.

DER MANN. Aber sie hätten ihm nicht die Jacke zu zerreißen brauchen. So dick hat es unsereiner nicht.

DIE FRAU. Auf die Jacke kommt es doch nicht an.

DER MANN. Sie hätten sie ihm nicht zerreißen brauchen.«

Bertolt Brecht: Furcht und Elend des Dritten Reiches. 24 Szenen. Berlin: Suhrkamp, 1970. S. 10.

2024 Reclam Verlag / Holger Bäuerle

Bertolt Brecht: »Der Nachbar« (1934)

»Ich bin der Nachbar. Ich habe ihn angezeigt.
Wir wollen in unserm Haus
Keinen Hetzer haben.

Als wir die Hakenkreuzfahne heraushängten
Hat er keine herausgehängt
Als wir ihn dazu aufforderten
Hat er uns gefragt, ob wir in unserer Stube
In der wir mit vier Kindern wohnen
Noch Platz haben für eine Fahnenstange.
Als wir sagten, daß wir wieder an die Zukunft glaubten
Hat er gelacht.

Daß sie ihn auf der Treppe geschlagen haben
Hat uns nicht gefallen. Sie haben ihm den Kittel zerrissen.
Das wäre nicht nötig gewesen. So viele Kittel
Hat keiner von uns.

Aber jetzt ist er wenigstens weg, und im Haus herrscht Ruhe.
Wir haben genug Sorgen im Kopf, da
Muß wenigstens Ruhe herrschen.

Wir sehen schon, einige Leute
Schauen weg, wenn sie uns begegnen. Aber
Die ihn abgeholt haben, sagen
Daß wir uns richtig verhalten haben.«

Bertolt Brecht: Der Nachbar. In: B. B.: Gesammelte Gedichte. Bd. 2. Frankfurt a. M.: Suhrkamp, 1976. S. 515 f.

Arbeitsaufträge:

1. **Gruppe 1:** Interpretieren Sie die Szene »Der Verrat« stichwortartig. Achten Sie dabei a) auf den Titel der Szene, b) auf das vorangestellte Gedicht und das darin konstituierte Verhältnis zwischen der »Straße« und den »Verräter[n]« und c) auf das Verhältnis zwischen dem Ehepaar.
2. **Gruppe 2:** Interpretieren Sie das Gedicht »Der Nachbar« stichwortartig. Achten Sie dabei a) auf den Titel des Gedichtes, b) auf das Verhältnis zwischen den Hausbewohnern und dem »Nachbar[n]«, c) auf das Verhältnis zwischen den Hausbewohnern und den »Leute[n]« und d) auf die sprachliche Gestaltung des Textes.
3. **Gruppen 1 und 2:** Zeigen Sie vor dem Hintergrund der unterschiedlichen gewählten Darstellungsformen (Drama vs. Lyrik) Gemeinsamkeiten und Unterschiede der beiden Texte – auch hinsichtlich ihrer Wirkungsweise.

2024 Reclam Verlag / Holger Bäuerle

Zur Beziehung der Figuren am Ende des Dramas

Lutz Hübner in einem Gespräch zur Uraufführung des Stücks:

»Das Bild [Lotte Lasersteins »Abend über Potsdam«] entstand 1929/30, als die Goldenen Zwanziger auf ihrem Höhepunkt anlangten und zu Ende gingen. […] Über den Entstehungsprozess des Bildes kann man eine Gesellschaft erzählen, in der erste Haarrisse zu erkennen sind. Es ist noch nicht die Diktatur, sondern ihr Wetterleuchten. […] Das Klima wird rauer – wie reagieren [die] Figuren darauf und wie reagieren sie aufeinander?«

Ute Scharfenberg: Ein Bild vom Abschied [Auszug aus einem Gespräch der Autoren Lutz Hübner und Sarah Nemitz mit dem Ensemble und Regieteam der Inszenierung, 7.2.2017]. In: Programmheft des Hans Otto Theaters zur Premiere von Abend über Potsdam. S. 6.

Arbeitsaufträge:

1. Untersuchen Sie die Beziehung Lotte Lasersteins am Ende des Dramas zu jenen Freunden und Bekannten, die ihr für das Gemälde »Abend über Potsdam« Modell standen.
2. Untersuchen Sie (exemplarisch z. B. an Maria Goldmann und Lise Henkel bzw. an Ernst Rose und Bodo Imhoff), wie sich die Beziehungen der Freunde und Bekannten untereinander verändert haben.
3. Betrachten Sie mit diesem Wissen noch einmal Lotte Laserstein Gemälde »Abend über Potsdam« (in der Ausgabe S. 6f. oder ARBEITSBLATT 1). Überprüfen Sie Ihre Ergebnisse aus der ersten Unterrichtsstunde und ergänzen sie, indem Sie den Verlauf des Dramas und die durch die Handlung belegte, allmähliche Deformierung der Beziehungen durch den aufkeimenden Faschismus berücksichtigen.

Hübner/Nemitz, *Abend über Potsdam* · Reclam Literaturunterricht · 2024 Reclam Verlag / Holger Bäuerle

10 Klausurvorschlag mit Lösungshinweisen

Klausuraufgabe

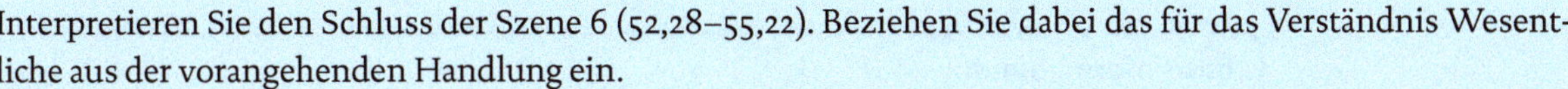

Interpretieren Sie den Schluss der Szene 6 (52,28–55,22). Beziehen Sie dabei das für das Verständnis Wesentliche aus der vorangehenden Handlung ein.

Zusätzliche Worterläutungen:
54,7 Querulant: vom lateinischen *queri* ›vor Gericht klagen‹. Umgangssprachlich ein Mensch, der ohne Aussicht auf Erfolg hartnäckig und unbeirrbar einen Rechtsstreit führt bzw. sich ohne im Recht zu sein ständig beschwert | **54,18 Maid:** veraltet für eine junge, unverheiratete Frau | **54,20 Büttel:** veraltet für einen diensteifrigen, obrigkeitshörigen Diener | **54,25 Akademie:** Lotte Laserstein war von 1921 bis 1927 eine der ersten Studentinnen an der Berliner Hochschule für die Bildenden Künste und Meisterschülerin in der Klasse Erich Wolfsfelds.

Aufgabenart:
Erschließung und Interpretation eines poetischen Textes.

Erläuterungen zu Szene 6:
Eine Vielzahl von Gründen macht die Szene 6 des Dramas *Abend über Potsdam* zu einer besonders exponierten: Mit nahezu 15 Druckseiten ist sie die deutlich längste Szene des Stückes. Gleichzeitig bildet sie den Mittel-, den Höhe- und den Wendepunkt des Dramas: Zum zweiten und letzten Mal kommen die Freunde bzw. Bekannte (mit Ausnahme von Maria Goldmann) zusammen, dieses Mal in Lotte Lasersteins Atelier – um sich dort endgültig zu zerstreiten. Die gesamte Szene folgt dabei der Struktur eines fünfaktigen ›Miniatur-Dramas‹ aristotelischer Bauform, das die Schülerinnen und Schüler für die bevorstehende Verschriftlichung mit dem Dramenmodell Gustav Freytags (vgl. Unterrichtsschritt 4.5) wie folgt gliedern könnten:

- I: Exposition (41,1–44,7): Lotte Laserstein, Traute Rose, Ernst Rose (wie am Ende der Szene). Gespräch über die Neue Sachlichkeit, über Lise, Maria, Bodo und das letzte Zusammentreffen im Spätsommer des Vorjahres.
- II: Steigende Handlung mit erregendem Moment (44,8–47,11): die Vorigen und Bodo Imhoff. Beginn des Streitgespräches zwischen Bodo Imhoff und Ernst Rose über die journalistische Tätigkeit Bodo Imhoffs für den *Völkischen Beobachter.*
- III: Höhe- bzw. Wendepunkt (47,12–53,8): Die Vorigen und Lise Henkel. Lise über ihren neuen Freund und späteren Verlobten, den SA-Mann Richard Mahlow. Streitgespräch zwischen Bodo Imhoff und Ernst Rose über die verharmlosende und vereinfachende nationalsozialistische Propaganda, hier hinsichtlich der Schlägertrupps der SA. Abgang Bodo Imhoff.
- IV: Fallende Handlung mit verzögerndem Moment (53,9–53,25): die Vorigen ohne Bodo Imhoff. Streitgespräch zwischen Lise Henkel und Ernst Rose über die Schlägertrupps der SA und ihren neuen Freund Richard Mahlow. Abgang Lise Henkel.
- V: Katastrophe (53,26–55,22): Lotte Laserstein, Traute Rose, Ernst Rose (wie zu Beginn der Szene). Gespräch über das Erstarken der neuen Rechten, deren inszenierte bürgerliche Normalität und den Mut zur Zivilcourage. Traute und Ernst Rose ab. Lotte Laserstein verbleibt allein auf der Bühne.

Die der Klausur zugrunde liegende Textstelle umfasst die Teile IV und V.

Lösungshinweise

1. Einleitung

Einleitung. Zur Einleitung des Interpretationsaufsatzes könnten die folgenden Informationen gehören:

Basisinformationen:
Lutz Hübner / Sarah Nemitz: *Abend über Potsdam* (2017), Drama in elf Szenen. Szene 6 bildet formal und inhaltlich den Höhe-, Mittel- und Wendepunkt des Dramas.

Lotte Laserstein:
Die Protagonistin des Dramas zeigt sich auch in dieser Szene fokussiert auf ihr Werk und ihre Kunst. Schon der Anlass für die Einladung ist ein von Eigennutz geleiteter, indem ihre Arbeit an dem Gemälde ins Stocken geraten ist – Lotte Laserstein erhofft sich von dem Zusammentreffen neue kreative Kraft. Möglicherweise erinnern sich die Schülerinnen und Schüler daran, dass Lotte Laserstein trotz politischer und künstlerischer Differenzen in allen Sitzungen deswegen stets um Konsens bemüht war, weil sie ihre Modelle nicht verlieren wollte. Offensichtlich glaubt sie tatsächlich, dass – jenseits der sich zunehmend radikalisierenden gesellschaftlichen Positionen – zumindest im Privaten »eine Verständigung möglich« (53,1 f.) sei. Ein Irrglaube, wie der Verlauf der Szene verdeutlicht. Im vorliegenden Textauszug liefert sie, in dieser Deutlichkeit zum ersten und einzigen Mal, Gründe für ihre politische Zurückhaltung (54,23–27).

Traute Rose:
Wie an anderer Stelle ist Traute Rose um Ausgleich bemüht, um ein einvernehmlich unpolitisches Zusammentreffen der Freunde bzw. Bekannten. Mehrfach versucht sie zu glätten (»sprich über das Wetter«, 43,1), zu beschwichtigen (»Lasst es gut sein«, 46,11) oder das Gespräch in eine andere Richtung zu lenken (»Ich glaube das genügt«, 52,6, bzw. »Lass es Ernst, auch wenn du gerne diskutierst, man muss auch mal fünf Minuten Ruhe von der Politik haben!«, 52,16 ff.). Dass ihre Versuche, ein Einvernehmen unter den Anwesenden herzustellen, ihren Mann verletzen, bemerkt sie erst, als Ernst Rose sie ironisch zitiert – ihre Entschuldigung kommt zu spät.

Ernst Rose:
Es ist nicht zufällig der Theatermensch Ernst Rose, der hier den offenen Diskurs bzw. die offene Auseinandersetzung sucht. Ernst Rose ist Dramaturg an einem Volkstheater in Berlin. Despektierlich formuliert Bodo Imhoff über ihn, er sei Festangestellter und könne sich deswegen »moralische Grundsätze leisten« (38,14). Als Intellektueller ist Ernst Rose ein präziser Beobachter der politischen Entwicklung, die er häufig ironisch, nicht selten zynisch, immer aber scharfsinnig kommentiert: »Alles geht zum Teufel und bei mir auf der Bühne wird der Liebhaber im Schrank entdeckt« (20,15 ff.). Schon die Tatsache, dass Bodo Imhoff im vorausgehenden Gespräch Adolf Hitler als »Führer« (48,29) bezeichnet, befremdet den überzeugten Demokraten, der sich im Folgenden dezidiert gegen die Verharmlosung rechter Gewalt durch die Propagandalügen der Nationalsozialisten zur Wehr setzt. Die vorliegende Textpassage zeigt ihn als couragierten Republikaner, dem es darum geht, »das Leben zu verteidigen, das nicht nur ich führe, sondern ihr auch, gerade ihr« (54,5 f.). Er muss allerdings feststellen, dass er im entscheidenden Moment der Auseinandersetzung keine Unterstützung erfährt.

Bodo Imhoff / Lise Henkel:
Die gewählte Textpassage setzt mit dem Abgang der beiden Antagonisten ein, deren Positionen von den Schülerinnen und Schülern zumindest kurz wiedergegeben wer-

den sollten. Deren politische Haltung ist weiter unten beschrieben (vgl. »Zum Themenkomplex der politischen Auseinandersetzung«).

Überblick über den Text:
Am Ostersonntag 1930 (der auf den 20. April und damit den Geburtstag Adolf Hitlers fällt) hat Lotte Laserstein die an der Entstehung des Gemäldes beteiligten Freunde bzw. Bekannte in ihr Atelier geladen. Alle erscheinen – mit Ausnahme Maria Goldmanns. Gezeigt werden soll der unvollendete Ist-Zustand des Gemäldes. Von dem Zusammentreffen erhofft sich Lotte einen kreativen Impuls, der ihr einen Neuanfang an der ins Stocken geratenen Arbeit ermöglichen soll: »Ich habe Abstand, das ist mein Problem. Ich brauche Nähe. Ich muss hören, was da gesprochen wurde. Vor dieser Stille« (44,21 ff.). Das Zusammentreffen der Freunde bzw. Bekannten jedoch misslingt. Es ist gekennzeichnet von einer Vielzahl einander durchkreuzender, unvereinbarer und unauflösbarer Spannungen, die in mehrere Konflikte münden, eskalieren und die Gesellschaft schlussendlich auseinanderdividieren. Resigniert und resignierend stellt Lotte Laserstein fest: »[I]ch dachte, es ist eine Verständigung möglich« (53,1 f.). Das ist sie nicht (mehr) – der Rechtsruck der Gesellschaft, der mit all seiner Brutalität erstarkende und sich selbst als bürgerliche Normalität inszenierende Faschismus geht wie ein Riss durch die (die deutsche Gesellschaft repräsentierende) Gruppe. Längst ist das Politische privat und das Private politisch geworden. Vereinsamt verbleibt Lotte Laserstein am Ende der Szene auf der Bühne.

Fokussierung/Deutungshypothese:
Die Schülerinnen und Schüler umreißen einen vorläufigen Problemschwerpunkt und entwickeln eine Deutungshypothese.

Struktur:
Szene 6 ist in fünf Sinnabschnitte gegliedert, die bei genauer Betrachtung der Form eines in sich abgeschlossenen, verkürzten Dramas aristotelischer Bauform folgen (s. oben). Die vorliegende Textpassage setzt ein mit den Abgängen Bodo Imhoffs und Lise Henkels und umfasst die letzten beiden Teile dieser Bauform (die fallende Handlung mit verzögerndem Moment und die Katastrophe).

Abschließend greift die Einleitung den zweiten Teil der Fragestellung auf (Einbezug des »für das Verständnis Wesentliche aus der vorangehenden Handlung«), und leitet so zum Hauptteil über. Es ist ein Qualitätsmerkmal guter Interpretationsaufsätze, dass dieser Frageteil nicht dadurch beantwortet wird, dass die vorangegangene Handlung unreflektiert, gar vollständig wiedergegeben wird. Die einschränkende Formulierung »das für das Verständnis Wesentliche« fordert die Schülerinnen und Schüler dazu auf, abzuwägen, welche Ereignisse und welche Informationen relevant sind, um die vorliegende Textpassage interpretieren zu können.

Zur Teilaufgabe:
Zwei Themen bestimmen den Inhalt der vorliegenden Textpassage: 1) Zum einen die Auseinandersetzung zwischen Ernst Rose und Bodo Imhoff und Lise Henkel um den Straßenterror der SA, um die Gewalt als Mittel einer sich zunehmend radikalisierenden politischen Auseinandersetzung und um die unverhohlen zur Schau gestellte Demokratiefeindlichkeit der politischen Rechten. 2) Zum anderen die Frage nach der Verantwortung des Einzelnen, der rechten Lügen-Propaganda entgegenzutreten, so wie es Ernst Rose in dieser Szene tut, dabei aber keine Unterstützung erfährt – obwohl ihm attestiert wird, im Recht zu sein (53,31).

Zum Themenkomplex der politischen Auseinandersetzung:
Bereits in Szene 1 wird der politische Dissens zwischen Bodo Imhoff und Ernst Rose metaphorisch erkennbar, wenn dem auf dem Gemälde rechts sitzenden Bodo Imhoff der erhobene rechte Arm einschläft und den auf dem Gemälde links sitzenden Ernst Rose die »linke Hinterbacke« (17,21) schmerzt. Im Folgenden könnten die Schülerinnen und Schüler daran erinnern, dass Bodo Imhoffs Wechsel zum *Völkischen Beobachter* schon früh von seinen Bekannten wahrgenommen wird. Traute Rose formuliert in Szene 4 Lotte Laserstein gegenüber: »Ernst vermutet, dass er jetzt für den Völkischen Beobachter arbeitet« (32,25 f.). In der anschließenden Szene 5 bestätigt sich diese Vermutung im Gespräch zwischen Lotte Laserstein und Bodo Imhoff, das letztgenannter als eines mit »leicht inquisitorische[m] Charakter« (38,3) wahrnimmt und im Folgenden dazu nutzt, Lotte mit den klischeehaften Verharmlosungen und Verdrehungen nationalsozialistischer Propaganda, wenn schon nicht überzeugen, dann zumindest beruhigen zu wollen. Auch für Lise Henkel gibt es frühe Momente unreflektiert rechter Positionen: So befragt sie Lotte Laserstein, ob sie eines ihrer Bilder »[a]n einen Deutschen« (24,19) verkauft habe, implizierend, dass jeder, der nach der Weltwirtschaftskrise noch Geld habe, »Amerikaner oder Jude sein« (24,24) müsse. Unumwunden gibt sie dabei zu, dass diese Haltung nicht die ihre sei, sondern viele ihrer Kolleginnen und Kollegen »auf der Arbeit« (24,28) so dächten. Damit ist die Grundkonstante von Lises Haltung benannt: Indem sie intellektuell nicht in der Lage ist, zu eigenen Positionen zu gelangen, wird ihre Haltung von ihrem Umfeld bestimmt. Darauf verweist Lotte Laserstein bereits 35,3–14. Im vorliegenden Textauszug wird ihr unreflektierter Opportunismus dadurch deutlich, dass Ernst Rose ihr Aufbegehren (»Das stimmt überhaupt nicht! Die werden angegriffen, das sind alles Presselügen«, 51,7 f.) abtut und seine Antworten direkt an Bodo Imhoff wendet: Lise Henkel scheint schlicht zu dumm, um sich mit ihrer politischen Position ernsthaft auseinanderzusetzen.

Zum Themenkomplex der Zivilcourage:
Das Thema ist bis zu diesem Zeitpunkt weitgehend unbesetzt, kann von den Schülerinnen und Schülern in der vorangegangenen Handlung also auch kaum bzw. nicht nachverfolgt werden.

Für die gelingende Interpretation eines dramatischen Textes sollten Schülerinnen und Schüler der gymnasialen Oberstufe im Verlauf der Klausur einige grundsätzliche Bearbeitungsaspekte berücksichtigen. Erwartet werden können Hinweise zu den auf der Bühne agierenden Figuren bzw. den Dialogpartnern, zur Dialogsituation, also zum unmittelbaren Kontext der Szene bzw. des Dialoges, zum Beziehungsaspekt (in welcher Beziehung stehen die Dialogpartner im Moment des Dialogs), zu inhaltlichen Aspekten, zur offensichtlichen oder verdeckten Intention der Dialogpartner, zu sprachlichen Techniken (also zur funktionalen Deutung der eingesetzten sprachlichen Mittel), zum Aufbau des Dialogs (Gliederung, Spannungsbogen, Redeanteile) und, falls vorhanden, zu den Regieanweisungen.

2. Hauptteil

Hauptteil. Die inhaltliche Bewertung wird je nach den Vorkenntnissen der Schülerinnen und Schüler, den im Unterricht gewählten Schwerpunkten und dem Erwartungshorizont der Lehrkraft unterschiedlich ausfallen. Im Folgenden werden daher mögliche Lösungswege nur stichwortartig skizziert. Dabei wird keine Vollständigkeit aller hier versammelten Ergebnisse für eine Bemessung mit der Note ›sehr gut‹ erwartet. Der vorausgegangene Teil der Szene sollte von den Schülerinnen und Schülern knapp, aber überzeugend dargestellt sein.

Folgende Überlegungen könnten die Schülerinnen und Schüler ihrer Lösung voranstellen:

- Überlegungen zur Struktur: Die Textpassage setzt ein, als noch alle Figuren gemeinsam auf der Bühne sind. Im Verlauf der Textpassage gehen (in dieser Reihenfolge) ab: zunächst Bodo Imhoff 53,6 ff., dann Lise Henkel 53,24, nach einem längeren Streitgespräch Ernst Rose 55,14 und schließlich Traute Rose 55,22. Am Ende der Szene verbleibt Lotte Laserstein allein auf der Bühne. Entlang dieser vier Abgänge lässt sich der Text in die folgenden Sinnabschnitte strukturieren: a) bis zum Abgang Bodo Imhoffs 52,28–53,8, b) bis zum Abgang Lise Henkels 53,9–53,24, c) bis zum Abgang Ernst Roses 53,24–55,14 und schließlich d) bis zum Abgang Traute Roses 55,14–55,22.
- Überlegungen zu den Redeanteilen: Eine Auszählung der von den Figuren jeweils gesprochenen Textzeilen ergibt die folgenden Redeanteile. Bodo Imhoff: sechs Textzeilen ausschließlich in Teil a), Lise Henkel: acht Textzeilen ausschließlich in Teil b), Traute Rose: neun Textzeilen, Lotte Laserstein: 18 Textzeilen, Ernst Rose: 38 Textzeilen zumeist in Teil c). Dieser Beobachtung folgend könnten die Schülerinnen und Schüler die Figur Ernst Rose und den hier als c) deklarierten Teil der Textpassage in den Mittelpunkt ihrer Überlegungen stellen.

IV. Fallende Handlung mit verzögerndem Moment (52,28–53,24):
a) bis zum Abgang Bodo Imhoffs (52,28–53,8)

- Im vorangegangenen Streitgespräch vertritt Bodo Imhoff, der als Journalist für den *Völkischen Beobachter* schreibt, eindeutig die politischen Positionen des Nationalsozialismus: Er verteidigt den Straßenterror und die marodierenden SA-Truppen, indem er deren Gewaltpotenzial verharmlost, klischee- und mantrahaft wiederholt er die Propaganda von der hohen Arbeitslosigkeit, dem Schandvertrag von Versailles, der Demütigung des Deutschen Reiches (51,21–26), um schließlich das Versagen der Demokratie zu konstatieren und – wenig überraschend – die Antwort des Faschismus zu formulieren: »[D]ie Demokratie ist am Ende, weil sie eine Regierungsform für Schönwetterzeiten ist. Im Sturm braucht es einen Kapitän, der sagt, wo es langgeht« (51,27–30). Ernst Rose kommentiert richtig: »Diktatur« (51,31).
- Die Schülerinnen und Schüler können sich möglicherweise an das in Kapitel 3 besprochene Gemälde George Grosz' »Die Stützen der Gesellschaft« von 1926 erinnern: Auch dort wurde mit einer der dargestellten Figuren auf den rechtsnationalistischen Großverleger Alfred Hugenberg angespielt, der bereits 1928 formulierte: »Wir müssen den parlamentarischen Weg missbrauchen, um in die Machtstellungen des Staates zu kommen, mit der festen Absicht, eines Tages von diesen Machtstellungen aus das Parlament zu vernichten« (zit. nach: Uwe Klußmann / Joachim Mohr (Hrsg.), *Die Weimarer Republik. Deutschlands erste Demokratie*, Bonn 2017, S. 12). In diesem Sinne muss Bodo Imhoff (wie alle bei Grosz ironisierten »Stützen der Gesellschaft«) als Demokratiefeind gelesen werden, der sich aktiv um deren Aushöhlung bemüht.
- Damit einhergehend ist ihm die von Lotte Laserstein 53,1 gewünschte und erhoffte »Verständigung« nicht mehr möglich (53,5–8).
- Bodo Imhoffs phasenweise dem Militärjargon entlehnte Sprache wurde schon in der Expositionsszene beobachtet (vgl. Kapitel 2), mit der seinen Abgang begleitenden Bemerkung, dann müsse er »es wohl sein, der das Feld räumt« (52,30 f.), schließt er an die dort fixierten Beobachtungen an.
- Der in den späten 1920er Jahren überaus erfolgreiche Theaterdichter Ödön von Horváth misst der Regieanweisung »Stille« (hier: 53,8) in seinen Werken eine ganz besondere Bedeutung bei. ›Stille‹ signalisiert Horváth das Ausbleiben des auf der Bühne gesprochenen Wortes – nicht aber das Abreißen der Kommunikation, sondern deren Fortsetzung mit para- oder nonverbalen Mitteln. »Stille« meint demnach beredtes Schweigen, ist Platzhalter für all das, was gesprochen werden könnte – aber unausgesprochen bleibt. In diesem Sinne ist Ernst Roses schweigende Haltung »*an der Tür*« (53,3) zu lesen: Vieles wird gesagt, indem es nicht gesagt wird. Die Türschwelle, auf der

er steht, bekräftigt, was Bodo abgehend formuliert: »Vielleicht ist die Zeit der Verständigung einfach vorbei« (53,5 f.). Von hier an gibt es nur noch ein Innen und ein Außen, ein Dazugehören oder ein Nicht-mehr-Dazugehören.

b) bis zum Abgang Lise Henkels (53,9–53,24)

- Im bisherigen Verlauf der Szene ist Lise Henkel vor allem dadurch aufgefallen, dass sie frisch verliebt ist (»ich könnte nämlich den ganzen Tag lächeln«, 48,15 f.) und offensichtlich darauf wartet, deswegen bzw. daraufhin befragt zu werden (»Nun frag doch einer das Mädchen endlich, die platzt uns sonst«, kommentiert Traute Rose, 49,15 f.). Ihr neuer Freund, Richard Mahlow, ist SA-Mann, die Erzählungen um ihn werden zum Anlass für das zwischen Bodo Imhoff und Ernst Rose einsetzende Streitgespräch.
- Wie zuvor erweist sich Lise Henkel als politisch ahnungslos, wie zuvor plappert sie mehrfach unreflektiert die – wohl durch den neuen Freund vermittelten – Stereotypen nationalsozialistischer Propaganda nach: »Die werden angegriffen, das sind alles Presselügen« (51,7 f.) bzw. »Der kämpft auch für Sie« (53,21).
- Ihre Fixierung auf Richard Mahlow wird stilistisch durch die »er«-Anapher (53,9 f.) betont, zugleich aber verdeutlicht die Stilfigur ihre fehlende intellektuelle Selbständigkeit.
- Die Schülerinnen und Schüler könnten möglicherweise die Szene 10 erinnern, in welcher Lotte Laserstein Lise Henkel nach Goethes *Faust* befragt (mit den Worten Gottes im »Prolog im Himmel«: »Kennst du den Faust?«, V. 299, hier 73,12). Den damit einhergehenden Wink begreift Lise nicht – obwohl sie sich richtig erinnert: »Aber Faust ist mit dem Teufel im Bund« (73,21 f.). Stattdessen hört die intellektuell eingeschränkte Telefonistin in dieser Szene vor allem den Vergleich ihrer Person mit der berühmten Schauspielerin Camilla Horn (73,17 f.), die ihr bereits in der Expositionsszene eine Bezugsgröße war (13,27).

V. Katastrophe (53,24–55,22):
c) bis zum Abgang Ernst Roses (53,24–55,14)

- Ernst Rose, von Beruf Dramaturg, erscheint während des gesamten Dramas als genuiner Theatermensch, als eloquent, kritisch, klug, gebildet, als hellsichtiger Beobachter, der die Diskussion und die Kontroverse liebt, der, mal selbstironisch, mal zynisch, Stellung bezieht, der, gleichermaßen verletzend wie verletzlich, keine Auseinandersetzung scheut.
- Im Verlauf der gesamten Szene wehrt sich Ernst Rose dezidiert gegen die Darstellungen Bodo Imhoffs und Lise Henkels, appelliert, was den Straßenterror der SA angeht, an den Verstand Bodo Imhoffs (51,9), weigert sich, die »Casinoballade vom aufrechten SA-Mann« (50,23 f.) und damit die heuchlerische Verharmlosung rechter Gewalt widerspruchslos zu akzeptieren und benennt dabei die Positionen Bodo Imhoffs und Lise Henkels unmissverständlich als »Propaganda« (52,9) und als »Lügen« (52,10).
- Die gestische Reaktion Ernst Roses beim Abgang Lise Henkels (53,24 f.) verdeutlicht dessen Erregung, fixiert Wut als deren Grund, markiert aber auch den Riss, den der Faschismus selbst im (nur noch scheinbar geschützten) privaten Raum verursacht: Die Umarmung seiner Frau wehrt Ernst Rose ab.
- Er tut das nicht, ohne sie (nur scheinbar ironisch) zu zitieren: »Ich ›diskutiere‹ lieber« (53,26; vgl. zuvor Traute Rose 52,16). Das Reizwort ›Diskussion‹, das Traute Rose ihrem Mann gegenüber mehr unreflektiert als bewusst abwertend benutzt, sollten die Schülerinnen und Schüler als ein Keyword erkennen: Theater braucht den öffentlichen Diskurs, Demokratie die Diskussion: »Demokratie lebt vom Streit, von der Diskussion um den richtigen Weg« (Richard von Weizsäcker, ehemaliger Bundespräsident, 1920–2015).
- Insofern ist Ernst Roses Insistieren auf die ›Diskussion‹ zu lesen als die Haltung eines wirklichen Demokraten, der zu Recht für sich in Anspruch nimmt, das freiheitliche Le-

ben aller Anwesenden zu schützen: »Ich versuche hier das Leben zu verteidigen, das nicht nur ich führe, sondern ihr auch, gerade ihr« (54,5 f.).

- Ähnlich verletzt wie auf die Berührung und die Entschuldigung seiner Frau reagiert Ernst Rose auch auf die nachträgliche Zustimmung Lotte Lasersteins: »Du hast ja Recht« (53,31). Die er zu Recht kommentiert: »Das wäre vor fünf Minuten ein wunderbarer und hilfreicher Satz gewesen« (54,1 f.).
- Im Kern formuliert Ernst Rose im Folgenden den Vorwurf, dass die auf Ausgleich bedachte, unpolitisch-ausweichende Haltung der beiden Frauen es den »Totschläger[n], Rassefanatiker[n], Büttel[n] der Großindustrie« (54,20 f.) ermögliche, sich als »bürgerliche Normalität [zu] inszenieren, als nette Menschen« (54,14 f.). Passive Toleranz hält er gegenüber der erstarkenden Intoleranz der Rechten für opportunistisch, unangemessen und unangebracht.
- Der Erwiderung Lotte Lasersteins (54,23–27 und 55,1 ff.) sollten die Schülerinnen und Schüler besondere Beachtung schenken. Lotte Laserstein argumentiert, dass sie es sich als alleinstehende Frau, als Jüdin und als Künstlerin nicht leisten könne (54,26 f.), in die aktive Opposition zu gehen. An keiner anderen Stelle wird Lotte Laserstein hinsichtlich ihres scheinbaren politischen Desinteresses (vgl. hierzu Unterrichtseinheit 8) so deutlich wie an dieser Stelle. Einzelne Schülerinnen und Schüler könnten die Anapher mittels des Personalpronomens »ich« erkennen (sechs der sieben Sätze Lotte Lasersteins beginnen mit »ich«) und funktional dahingehend deuten, dass die Haltung der Malerin durchaus auch einen ausgeprägten Egoismus signalisiert.
- Ernst Rose deutet die Argumentation Lotte Lasersteins am Ende der Diskussion als eine auch – vielleicht sogar vor allem – auf den eigenen finanziellen Vorteil bedachte: »Das könnte ja deine Karriere gefährden. Deine Kunden« (55,4 f.) – nicht allerdings, ohne seine Entschuldigung für die wohl über das Ziel hinausschießende Provokation für den folgenden Tag anzukündigen (55,11 ff.).

d) bis zum Abgang Traute Roses (55,14–55,22)

- Für den knappen Schluss der Szene könnten die Schülerinnen und Schüler bemerken, dass die Umarmung, die dem Ehepaar Rose zuvor nicht gelang (53,24 f.), zwischen den beiden Freundinnen immer noch möglich ist (55,14).
- Auch deswegen, weil diese gestische Handlung eine tiefe Verbundenheit der beiden Frauen signalisiert, muss am Ende der Szene nicht viel gesprochen werden: Zwei der drei Fragen Lotte Lasersteins beantwortet Traute Rose mit dem nur aus einem Wort bestehenden Satz »Ja« (55,18 und 55,20) – das schlichte Einvernehmen benötigt keiner weiteren Worten.
- Ob die ersten zwei Fragen Lotte Lasersteins mehr der zeitnahen Weiterarbeit am eigenen Werk (also einem an der Malerin mehrfach zu beobachtenden Eigeninteresse) gilt als der wirklichen Besorgnis um die Freunde, liegt im Ermessensspielraum der Schülerinnen und Schüler – die abschließende Frage Lotte Lasersteins sollte ebenso wie die wenig beschließende Antwort Traute Roses als metaphorisch erkannt werden.

Eine vollständige Listung der hier – ebenfalls nur in Teilen benannten – eingesetzten sprachlichen Mittel wird weder erwartet, noch stellt diese eine angemessene Antwort auf die Frage dar. Auf dem Niveau der gymnasialen Oberstufe müssen die angeführten sprachlichen Mittel punktuell, aber überzeugend, funktional gedeutet werden.

3. Schluss/Zusammenfassung

Schluss. Der Schlussteil der Interpretation kann (je nach Erwartungshaltung bzw. formalen Vorgaben der Lehrkraft) auf unterschiedliche Weise gestaltet sein. Grundsätzlich erwartet wird eine verknappte Zusammenstellung bzw. Zusammenführung der wesentlichen Ergebnisse, die in eine abschließende Bewertung der Textpassage mündet. Möglicherweise greifen die Schülerinnen und Schüler am Ende der Arbeit einzelne Aspekte auf, die ihnen von besonderer Bedeutung scheinen. Dies könnten sein:

- Ausgehend von der Form des Dramas könnten die Schülerinnen und Schüler zeigen, dass und inwiefern Szene 6 den Mittel-, den Höhe- und den Wendepunkt des Dramas markiert. Zum zweiten Mal (nach der Expositionsszene) kommen die Freunde, nun im Atelier von Lotte Laserstein, zusammen – um sich endgültig zu zerstreiten. Es sind insbesondere die politischen Konflikte, die die Anwesenden auseinanderdividieren. Liberale Positionen stehen rechtspopulistischen bzw. faschistoiden gegenüber, die noch existente (auch künstlerische) Meinungsfreiheit stellt sich gegen die auf Gleichschaltung zielende Propaganda der rechten Medien, die Diskussion (als Charakteristikum der Demokratie) wird verteidigt gegen die Gewalt (als Charakteristikum des Faschismus), der Riss zwischen ›Ariern‹ und ›Juden‹ wird erkennbar, der bis vor kurzem noch mögliche Konsens ist nun Verhärtung, Verschärfung und Verständnislosigkeit gewichen, die auseinanderbrechende Gemeinschaft mündet in Isolation: Am Ende ist Lotte Laserstein (wie in der Schlussszene) alleine auf der Bühne. Diese Entwicklung wird formal verstärkt durch den Aufbau der Szene 6 als aristotelisches ›Miniatur-Drama‹: Der gegebene Textausschnitt zeigt die Charakteristika der fallenden Handlung und der Katastrophe.
- Ein anderer Schlussteil könnte sich dadurch ergeben, dass die Schülerinnen und Schüler die Figuren Lotte Laserstein und Ernst Rose in den Mittelpunkt ihrer Überlegungen stellen und insbesondere deren Streitgespräch bewerten: In diesem Falle sollten die Ausführungen den Charakter Ernst Roses (vgl. die Hinweise zu möglichen Lösungswegen 1 und 2) präzise am und mit dem Text erarbeiten und belegen, darüber hinaus muss für den Charakter Lotte Lasersteins im Anschluss an die Unterrichtsstunde 8 gezeigt werden, welche Gründe für die Haltung Lotte Lasersteins verantwortlich zeichnen.
- An keiner anderen Stelle des Textes stellt das Drama *Abend über Potsdam* derart dezidiert die Frage nach der politischen Verantwortung des Einzelnen. Zivilcourage meint laut *Duden* den »Mut, den jemand beweist, indem er humane und demokratische Werte (z.B. Menschenwürde, Gerechtigkeit) ohne Rücksicht auf eventuelle Folgen in der Öffentlichkeit, gegenüber Obrigkeiten, Vorgesetzten u. a. vertritt« (www.duden.de/rechtschreibung/Zivilcourage, Stand: 4.3.2024). Zivilcourage beweist Ernst Rose, indem er sich – hier im privaten Raum – gegen die Verteidiger des aufkeimenden Faschismus stellt. Jedes demokratische System ist angewiesen auf Menschen, die dessen Werte vertreten und verteidigen. Als ein solcher Unterstützer des Systems erweist sich Ernst Rose in dieser Szene. Die Schülerinnen und Schüler könnten erkennen, dass Ernst Rose sich zu Recht über die im Alltag häufig zu beobachtende Praxis beklagt, dass, wer Zivilcourage beweist, den – zumeist nachträglichen – Zuspruch der Gesellschaft, im Moment des Geschehens aber nicht deren praktische Unterstützung erfährt: »Ich versuche hier das Leben zu verteidigen, das nicht nur ich führe, sondern ihr auch, gerade ihr. Aber komischerweise war ich der Querulant, weil diese Nazibrut peinlich berührt ist, wenn man ihren Lügen widerspricht. Ich, ich war hier der Störenfried, weil ich das nicht hinnehmen will« (54,5–10). Im Umkehrschluss könnten die Schülerinnen und Schüler versuchen, das auf Ausgleich bemühte Verhalten Traute Roses und Lotte Lasersteins zu bewerten.
- Eventuell stellen die Schülerinnen und Schüler im Schlussteil der literarischen Erörterung Bezüge zu ihrer aktuellen Lebenswelt her. Solche Bezüge könnten sein: Die historisch zwar im Detail nicht belastbare, aber gerne zitierte Kongruenz aktueller politischer Entwicklungen mit jenen der Endphase der Weimarer Republik; das Erstarken von rechtspopulistischen, rechtsnationalen und rechtsradikalen Positionen; die Wiederkehr und der unverhohlene Gebrauch faschistoider Sprachmuster; die analog dazu Schülerinnen und Schülern ebenso gegenwärtige wie vertraute Verrohung des Diskurses in den sozialen Medien (Hate-Speech, Cyber-Mobbing); der Verlust des gesellschaftlichen Konsenses während der Covid-19-Krise und die damit einhergehende Radikalisierung gegen den Staat und dessen Institutionen, aber auch gegen Andersdenkende wie z. B. Impfverweigerer; der gefühlte Verlust einer empathisch-pragmatischen, lösungsorientierten Diskussionskultur etc.

4. Darstellung

Darstellung

Bewertungskriterien für die Darstellungsleistung:

- Die Schülerinnen und Schüler strukturieren ihren Text gedanklich klar und auftragsbezogen.
- Die Schülerinnen und Schüler entwickeln dazu eine eindeutig nachvollziehbare, schlüssige und in sich geschlossene Argumentation.
- Die Schülerinnen und Schüler formulieren eigenständig, präzise und stilistisch angemessen.
- Die Schülerinnen und Schüler formulieren fachsprachlich und fachmethodisch angemessen.
- Die Schülerinnen und Schüler verwenden hierbei die richtigen Tempora und geben wörtliche Rede richtig wieder.
- Die Schülerinnen und Schüler beherrschen Zitiertechniken.
- Die Schülerinnen und Schüler schreiben sprachlich richtig (Orthografie, Interpunktion, Satzbau).

Lösungshinweise zu ARBEITSBLATT 4a (➤ S. 106)

Abend über Potsdam: Szenenplan – Zum Aufbau des Dramas

Szene	Figuren	Zeit	Ort
1	Lotte Laserstein – Traute Rose, Ernst Rose, Bodo Imhoff, Lise Henkel, Maria Goldmann	29.09.1929	Dachterrasse
2	Lotte Laserstein – Ernst Rose	November 1929	Atelier
3	Lotte Laserstein – Lise Henkel, Maria Goldmann	Dezember 1929	Atelier
4	Lotte Laserstein – Traute Rose, Lise Henkel	Januar 1930	Atelier
5	Lotte Laserstein – Bodo Imhoff	März 1930	Atelier
6	Lotte Laserstein – Traute Rose, Ernst Rose, Bodo Imhoff, Lise Henkel	20.04.1930 Ostersonntag	Atelier
7	Lotte Laserstein	Mai 1930	Atelier
8	Lotte Laserstein – Maria Goldmann, Lise Henkel	Juni 1930	Atelier
9	Lotte Laserstein – Traute Rose	Juli 1930	Atelier
10	Lotte Laserstein – Lise Henkel	August 1930	Atelier
11	Lotte Laserstein – Traute Rose, Ernst Rose	14.09.1930	Atelier

Lösungshinweise zu ARBEITSBLATT 8b (> S. 86)

Konfliktpotenzial der Szenen

Szene	Person	Konflikt um …
2	Ernst Rose	die eigene Kunst (politisches Theater / politische Bildende Kunst)
3	Maria Goldmann	die sozialen Verwerfungen der Weimarer Republik (Ausgrenzung)
4	Traute Rose	die eigene Kunst (die künstlerischen Ambitionen Traute Roses)
5	Bodo Imhoff	die politischen Verwerfungen der Weimarer Republik (Nationalsozialismus)
6 (Ende)	Ernst Rose	die Positionierung als Künstlerin
7	Gurlitt	die Positionierung als Künstlerin
8	Maria Goldmann	die sozialen Verwerfungen der Weimarer Republik (Ausgrenzung, Armut)
10	Lise Henkel	den Opportunismus, das Mitläufertum, erklärt mittels Kunst (Goethe)

Lösungshinweise zu ARBEITSBLATT 8c (➤ S. 87)

Die Gurlitt-Briefe

(Szene 4 und Szene 7)

Beginn Szene 4 (30,6–31,10)	Szene 7 (56,3–29)
Überlegungen zur Form: • (»Quasi«-)Monolog • Zugleich Briefform: • Schreibendes Ich > Intention > Adressat	Überlegungen zur Form: • Monolog • Zugleich Briefform: • Schreibendes Ich > Intention > Adressat
Intention des Schreibens: Einladung Hildebrand Gurlitts	Intention des Schreibens: Ausladung Hildebrand Gurlitts
Im Brief angeschlagene Themen: • Bedauern über ausbleibenden Besuch Gurlitts • Intensive Arbeit an »Abend über Potsdam« • Beschreibung des Gemäldes als Bild der Zeit und der damit verbundenen Schwierigkeiten • Hinweise auf kunsthistorische Zitate • Relevanz des Urteils Hildebrand Gurlitts • Präsentation des Bildes in der Galerie Gurlitts	Im Brief angeschlagene Themen: • Lange vergeblich um einen Besuch Gurlitts gebeten • Bedauern über die jetzige Verschiebung • Intensive Arbeit an »Abend über Potsdam« • Hinweise auf die Schwierigkeit von dessen Vollendung (»Fluch«) • Fertigstellung »Ich und mein Modell« • Präsentation des Bildes in der Galerie Gurlitts
Kommentar von außen: • »Zu unterwürfig. Genauer gesagt, es ist unterwürfig und gleichzeitig fordernd.« (Traute Rose, 31,11 f.)	Kommentar von außen: • fehlend
Bewertung: • forsch, fordernd, selbstbewusst	Bewertung: • zweifelnd, zurückgenommen

Lutz Hübner
Sarah Nemitz
Abend über Potsdam

Reclam Theater der Gegenwart

THEATER DER GEGENWART

Potsdam, September 1929: Auf einer Terrasse über den Dächern der Stadt porträtiert die jüdische Malerin Lotte Laserstein eine Gruppe von fünf Bekannten. In ihrem Atelier setzt sie die Arbeit fort. Zunächst ist die Atmosphäre beschwingt, im Lauf der Monate bis zur Reichstagswahl 1930 kippt die Stimmung: Börsenkrach, Weltwirtschaftskrise und dann – der Aufstieg der Nazis. Was bedeutet das für die einzelnen Figuren? Wie verhalten sich Menschen, die unter Druck geraten? Wer wird zum Profiteur, wer zum Opfer, und wer leistet Widerstand? Lutz Hübner und Sarah Nemitz zeigen in ihrem 2017 uraufgeführten Theaterstück eine Gesellschaft, die sich radikalisiert – ein brandaktuelles Thema.

Mit Anmerkungen und einem Nachwort von Sascha Feuchert.

Lutz Hübner · Sarah Nemitz
Abend über Potsdam

Anmerkungen und Nachwort von Sascha Feuchert
102 S., 1 Abb.
UB 14175
€ 5,20
ISBN 978-3-15-014175-5

Lutz Hübner und Sarah Nemitz, beide geb. 1964, leben und arbeiten gemeinsam in Berlin. Ihre Theaterstücke, vielfach ausgezeichnet und weltweit gespielt, verfassen sie oftmals als Duo. Sie zählen zu den meistgespielten Gegenwartsdramatikern auf deutschen Bühnen.

Sascha Feuchert, geb. 1971, ist Professor für Neuere deutsche Literatur mit dem Schwerpunkt Holocaust- und Lagerliteratur und ihre Didaktik am Institut für Germanistik an der Justus-Liebig-Universität Gießen.

Weitere Informationen zu Titeln und Reihen für Schule und Universität:
www.reclam.de/schule_und_studium